Cybersecurity in der Praxis

Praxistipps IT

Cybersecurity in der Praxis

Gefahren, Präventionsmaßnahmen, Krisenmanagement

Krüger/Simon/Trappe

Das Werk einschließlich aller seiner Teile ist urheberrechtlich geschützt. Jede Verwertung außerhalb der engen Grenzen des Urheberrechtsgesetzes ist ohne vorherige schriftliche Einwilligung des Verlages unzulässig und strafbar. Dies gilt insbesondere für Vervielfältigungen, Übersetzungen, Mikroverfilmungen und die Einspeicherung und Verbreitung in elektronischen Systemen. Es wird darauf hingewiesen, dass im Werk verwendete Markennamen und Produktbezeichnungen dem marken-, kennzeichen- oder urheberrechtlichen Schutz unterliegen.

© 2019 IDW Verlag GmbH, Tersteegenstraße 14, 40474 Düsseldorf

Die IDW Verlag GmbH ist ein Unternehmen des Instituts der Wirtschaftsprüfer in Deutschland e. V. (IDW).

Satz: Reemers Publishing Services GmbH, Krefeld
Druck und Bindung: C.H.Beck, Nördlingen
KN 11883/0/0

Die Angaben in diesem Werk wurden sorgfältig erstellt und entsprechen dem Wissensstand bei Redaktionsschluss. Da Hinweise und Fakten jedoch dem Wandel der Rechtsprechung und der Gesetzgebung unterliegen, kann für die Richtigkeit und Vollständigkeit der Angaben in diesem Werk keine Haftung übernommen werden. Gleichfalls werden die in diesem Werk abgedruckten Texte und Abbildungen einer üblichen Kontrolle unterzogen; das Auftreten von Druckfehlern kann jedoch gleichwohl nicht völlig ausgeschlossen werden, so dass für aufgrund von Druckfehlern fehlerhafte Texte und Abbildungen ebenfalls keine Haftung übernommen werden kann.

ISBN 978-3-8021-2465-5

Bibliografische Information der Deutschen Bibliothek
Die Deutsche Bibliothek verzeichnet diese Publikation in der Deutschen Nationalbibliografie; detaillierte bibliografische Daten sind im Internet über http://www.d-nb.de abrufbar.

Coverfoto: www.istock.com/matejmo

www.idw-verlag.de

Inhaltsverzeichnis

1	**Einleitung**	**9**
2	**Akteure, Gefahren und Grundlagen**	**13**
2.1	Der Cyberraum (Cyberspace)	13
2.2	Cybersecurity	15
2.3	Akteure des Cyberraums	15
	2.3.1 Anwender	16
	2.3.2 Angreifer	17
	2.3.3 Wirtschaftsprüfer und Steuerberater als Zielgruppen	32
2.4	Sensible Daten wandern in die Cloud	34
2.5	Crime as a Service	35
3	**Schutz- und Verteidigungskonzepte**	**36**
3.1	Entwicklung einer Informationssicherheitsleitlinie	37
	3.1.1 Aller Anfang ist schwer	39
	3.1.2 Der Schutzbedarf von Informationen	40
	3.1.3 Der Informationssicherheitsbeauftragte	41
	3.1.4 Die Wahl der Vorgehensweise	43
3.2	Layered Security und Defense in Depth	43
	3.2.1 Layered Security und Defense in Depth im schematischen Ansatz	44
	3.2.2 Typische Sicherheitsmaßnahmen im Layered-Security-Konzept	45
	3.2.3 Von der Schwachstelle bis zur Ausnutzung	47
	3.2.4 Consumer vs. Enterprise Layered Security Strategy	47
	3.2.5 Realisierung von Multifaktor-Authentifizierung	48
	3.2.6 Beseitigung des Weakest Link	49
	3.2.7 Das Prinzip des Least Privilege	50
	3.2.8 Integration vs. Best of Breed	50
	3.2.9 Kategorisierung der Sicherheitsmaßnahmen	51
3.3	DMZ/Architekturen	52

4 Standards, Leitlinien und Qualifikationen 54
4.1 ISO 27000/27001 54
4.2 IT-Grundschutz nach BSI mit Erweiterung KRITIS 56
    4.2.1 IT-Grundschutz nach BSI 100 (2005) 58
    4.2.2 IT-Grundschutz nach BSI 200 (2017) 59
    4.2.3 BSI-KRITIS-Verordnung 63
4.3 BSI-C5-Testat 64
4.4 CISSP 68
4.5 T.I.S.P. 70

5 Absicherungsmaßnahmen 72
5.1 Schlüsseltechnologien der Cybersecurity-Industrie 73
    5.1.1 Firewall und Proxy 73
    5.1.2 Intrusion Prevention Systems (IPS)/Intrusion Detection Systems (IDS) 75
    5.1.3 Anti-Malware 76
5.2 Das Zonenmodell 77
    5.2.1 Digitaler Arbeitsplatz 78
    5.2.2 DMZ/Eigene Dienste 83
    5.2.3 Netzwerk (LAN) 86
    5.2.4 Perimeter 90
    5.2.5 Physische Umgebung 92
    5.2.6 Querschnittliche Maßnahmen 96
    5.2.7 Erweiterte Maßnahmen 104

6 Cloud 106
6.1 Definition von unterschiedlichen Cloud-Typen 106
6.2 Risiken von Cloud-Diensten 111
    6.2.1 Schatten-IT 111
    6.2.2 Datensicherheit und Datenschutz 112
    6.2.3 Schnittstellenproblematik 112
    6.2.4 Angriffe auf Cloud-Dienste 114
6.3 Zertifizierung von Cloud-Diensten 115

6.4	SaaS-Sicherheit	116
6.5	SOCaaS	117
6.6	Best Practices	119

7 Mobile Device Security — 121

- 7.1 Herausforderungen — 121
- 7.2 Mobile Device Management — 124
- 7.3 Sicherheit bei mobilen Geräten — 126

8 Internet of Things — 129

- 8.1 Definition vom Internet der Dinge — 129
- 8.2 Herausforderungen bei der Nutzung von IoT — 130
- 8.3 Chancen für IoT — 131

9 Maßnahmenevaluation — 132

- 9.1 Grundbegriffe der Maßnahmenevaluation — 132
  - 9.1.1 Testobjekt (Scope) und Tester — 132
  - 9.1.2 White/Blue/Red Team — 132
  - 9.1.3 White/Black/Grey Box — 134
  - 9.1.4 Double-Blind/Blind/Targeted — 135
  - 9.1.5 Methodik/Angreifermodell — 136
- 9.2 Audits — 139
- 9.3 Technische Prüfungen — 140
  - 9.3.1 Technische Schwachstellenanalyse — 141
  - 9.3.2 Penetrationstest — 143
  - 9.3.3 Red Teaming — 144
- 9.4 Zusammenfassung: Maßnahmenevaluation — 146

10 Open Source Security Software — 147

- 10.1 Definition von Open Source — 148
- 10.2 Open vs. Closed — 150
- 10.3 Open-Source-Projekte — 150
  - 10.3.1 pfSense — 151

- 10.3.2 Snort 151
- 10.3.3 Graylog 152
- 10.3.4 OpenVAS 153
- 10.3.5 OnlyOffice 154

11 Business Continuity Management 155

11.1 Definitionen und Einordnung 156

11.2 Potenziell relevante Risiken und Szenarien 161
- 11.2.1 Krisenfälle und Unternehmensfolgen 161
- 11.2.2 Mögliche Szenarien 161

11.3 Krisenvorsorge 165
- 11.3.1 Aufbau eines BCMS 166
- 11.3.2 Business-Impact-Analyse 167
- 11.3.3 Bewertung der Risiken für die Geschäftsprozesse 168
- 11.3.4 Kontinuitätsstrategie und Notfalldokumentation 171
- 11.3.5 Ablauf eines Notfalls und Notfallhandbuch 171
- 11.3.6 Risikotransfer durch Outsourcing von Risiken 174
- 11.3.7 Durchführung von Notfallübungen 176

11.4 Krisenbewältigung 177
- 11.4.1 Ablauf eines Notfalls 177
- 11.4.2 Besonderheiten bei Cyberangriffen 179

12 Thinking outside the Box 180

12.1 Capture The Flag (CTF) Events 180

12.2 Humble Bundle 182

12.3 Video-on-Demand-Plattformen und Youtube 182

12.4 Konferenzen/LiveHacking-Veranstaltungen 183

12.5 Lock Picking 183

12.6 Schulungen/Trainings/Workshops 184

12.7 Try it yourself! 184

13 Fazit 186

Stichwortverzeichnis 188

1 Einleitung

Computer, oder besser gesagt IT-Systeme dienen heutzutage nicht mehr nur der Unterstützung aufkommender „Büroarbeit", sondern stellen viel eher den zentralen Dreh- und Angelpunkt der eigenen Geschäftsprozesse, in einem zum Teil global vernetzten Umfeld, dar. Mit dem Fortschreiten der Digitalisierung kommt „dem Computer" inzwischen gar eine gänzlich neue Rolle zu.

Der digitalisierte Arbeitsplatz ist heutzutage ein absolut kritisches Asset, ohne den die Aufrechterhaltung der eigenen Geschäftsprozesse nicht mehr möglich ist. Im gleichen Atemzug wächst durch die stetig zunehmende Vernetzung die Komplexität informationsverarbeitender Systeme. Die Grenzen des eigenen Verantwortungsbereichs aber auch der eigenen Handlungsmöglichkeiten verschwimmen zunehmend. Die Hoheit über die eigenen Daten endet dort, wo Produkte oder Services externer Dienstleister ihre Verarbeitung übernehmen sollen. Ein prägnantes Beispiel dafür ist die Verlagerung ganzer Prozesse in die Cloud.

Allen Vorteilen moderner IT stehen mindestens ebenso viele Risiken gegenüber, wie die folgenden Abschnitte zeigen. Sich dagegen angemessen und wirtschaftlich zu wappnen stellt für viele Organisationen eine große Herausforderung dar.

> *„Illegaler Wissens- und Technologietransfer, Social-Engineering und auch Wirtschaftssabotage sind keine seltenen Einzelfälle, sondern ein Massenphänomen."*
> *– Thomas Haldenwang, Vizepräsident des Bundesamtes für Verfassungsschutz (BfV), Berlin 2018*

In letzter Vergangenheit gab es gehäuft Nachrichten über Datenpannen in den Medien. Fast monatlich werden sensible Kundendaten öffentlich gemacht. Laut einer Studie von IBM[1] kosteten in Deutschland im Jahr 2019 Datenpannen Unternehmen im Durchschnitt 4,3 Millionen Euro[2]. Die Dunkelziffer liegt dabei vermutlich noch höher. Den höchsten Schaden durch Cyberangriffe erlitt die Gesundheitsindustrie gefolgt von dem Fi-

---

[1] https://www.all-about-security.de/fileadmin/micropages/Fachartikel_28/2019_Cost_of_a_Data_Breach_Report_final.pdf (abgerufen am 22.09.2019).
[2] IBM Studie, gemeldete Vorfälle zwischen Juli 2018 und April 2019.

nanzsektor. **Abb. 1.1** zeigt auf, dass mehr als die Hälfte der Data Breaches (Datenlecks / Datenpannen) durch böswillige oder kriminelle Angreifer geschieht.

Abb. 1.1 Gründe für Data Breaches[3]

Auch deutsche KMUs (kleine und mittlere Unternehmen) bleiben vor Cyberangriffen nicht verschont. Die Auswirkungen sind dabei keineswegs gering. Der Mittelstand bildet das Rückgrat der deutschen Wirtschaft. Cyberkriminelle haben dieses Potenzial längst für sich erkannt und verursachen großen Schaden. Aus Sicht der Angreifer sind KMUs besonders attraktiv, da sie in der Regel nur über grundlegende Sicherheitsvorkehrungen verfügen und als Sprungbrett für größere Hacking-Kampagnen dienen.

Wirtschaftsprüfer sind von dieser Herausforderung gleich in doppelter Weise betroffen. Zum einen sind sie selbst Organisationen, die im Fokus potentieller Angreifer liegen, zum anderen bewerten sie die Implementierung organisatorischer und technischer Maßnahmen hinsichtlich der Wirtschaftlichkeit in den in Prüfung befindlichen Unternehmen.

Ein interessanter Aspekt dabei ist, dass laut einer Studie von Bitkom[4], stärker digitalisierte Unternehmen in Deutschland weniger von Cyberangriffen betroffen sind, als nicht so stark digitalisierte Unternehmen. Die oft gepredigte Devise „uns kann nichts passieren, wir stützen uns nur zu einem geringen Teil auf digitalisierte Prozesse" führt also nicht zu einer Auflösung des Dilemmas.

Imageschäden bei Kunden und Lieferanten stellen in aller Regel den größten Schaden eines Cyberangriffs dar. **Abb. 1.2** zeigt die größten Kostenverursa-

---

[3] IBM Studie, gemeldete Vorfälle zwischen Juli 2018 und April 2019.
[4] https://www.bitkom.org/sites/default/files/file/import/181008-Bitkom-Studie-Wirtschaftsschutz-2018-NEU.pdf (abgerufen 22.09.2019).

cher bei Unternehmen, welche in den letzten 2 Jahren von Datendiebstahl, Industriespionage oder Sabotage betroffen waren.

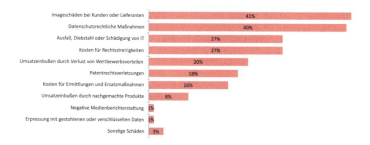

Abb. 1.2 Aufgetretene Schadensvorfälle 2018 – Mehrfachnennungen in Prozent (Quelle: Bitkom Research)

Der Täterkreis ist oftmals bekannt, doch die Aufklärung dauert nicht selten Jahre und ist oftmals nicht erfolgsversprechend. Deshalb ist es umso wichtiger, dass das Risiko eines IT-Sicherheitsvorfalls minimiert wird. Und sollte es trotz aller Präventivmaßnahmen zum Ernstfall kommen, sollten Sie wissen, welche Maßnahmen ergriffen werden müssen, um den Schaden einzuschränken.

Das vorliegende Buch wird Ihnen einen Leitfaden zur Aktion und Reaktion mit an die Hand geben, um Situationen besser einschätzen zu können und entsprechend handeln zu können. Es soll dabei einen Überblick über aktuelle Cybersecurity-Herausforderungen geben und Ihnen Maßnahmen zur Bewältigung dieser darstellen.

In den folgenden Kapiteln werden wir Ihnen zuerst die Gefahren, welche von verschiedenen Akteuren im Cyberspace ausgehen, darstellen und später Verteidigungsmaßnahmen präsentieren. Des Weiteren gehen wir, unter Berücksichtigung der unterschiedlichen Unternehmensgrößen, auf Bausteine der Cybersecurity-Basisabsicherung ein.

Wir werden Ihnen einen Überblick über alle heutzutage relevanten Themenfelder wie Cloud-Dienste, Mobile Device Security, Internet der Dinge und Open Source Security Software geben. Anschließend behandeln wir das Thema Business Continuity Management, das im Ausnahmefall dafür sorgt, dass alle relevanten Geschäftsaktivitäten aufrecht erhalten bleiben. Am Ende des Buches geben wir Ihnen in dem Kapitel 12 „Thinking outside the Box" einige unkonventionelle Ideen zur Auseinandersetzung mit dem Thema Cybersecurity mit auf den Weg. Diese können unter anderem dabei helfen, sich in die Rolle eines potentiellen Angreifers hineinzuversetzen oder ermöglichen einen lockeren Einstieg in dieses komplexe Themenfeld.

Vor dem Einstieg in das eigentliche Thema seien an dieser Stelle noch ein paar Hinweise gegeben:

Die Produktlandschaft entwickelt sich ständig weiter. Durch die Cloud-Technologie entstehen zudem kontinuierlich gänzlich neue Service-Angebote diverser Hersteller. Es darf davon ausgegangen werden, dass sich dadurch das Innovationstempo noch einmal deutlich erhöhen wird. Um diesem Leitfaden nun nicht schon zum Zeitpunkt der Erstellung ein inhaltliches Verfallsdatum mitzugeben, wurde auf die Benennung konkreter Produkte verzichtet. Wir erläutern stattdessen, wo immer dies sinnvoll ist, Fähigkeiten oder Produktkategorien, anhand derer Sie später den Markt durchsuchen und geeignete Produkte identifizieren können.

Wir werden des besseren Leseflusses wegen, von nun an für alle Berufsbezeichnungen die männliche Form nutzen, was selbstverständlich immer auch die weibliche und alle anderen Formen einschließt.

Weiterhin möchten wir Sie auf unsere online bereitgestellten Inhalte aufmerksam machen. Unter anderem finden sie dort das zu diesem Buch gehörende Glossar, sowie Checklisten für die Umsetzung von Cybersecurity-Maßnahmen in Ihrer Kanzlei bzw. zur Beurteilung bereits umgesetzter Maßnahmen bei Ihrem Kunden.

Sollten Sie in diesem Leitfaden auf *kursiv* geschriebene Wörter stoßen, werden sie diese in unserem Glossar wiederfinden.

Hinweis:
Sollten Sie Fragen oder Anmerkungen zum Buch oder den online bereitgestellten Inhalten haben, so zögern Sie nicht, uns eine E-Mail zukommen zu lassen. Sie erreichen uns unter:
Praxistipps-IT@Laokoon-Security.com

2 Akteure, Gefahren und Grundlagen

Bevor adäquate Schutzmaßnahmen ausgeplant werden können, ist zu prüfen, vor welchen Gefahren es sich überhaupt zu schützen gilt. Aus diesem Grund werden auf den folgenden Seiten die verschiedenen Entitäten des Cyberraums und deren jeweilige Interessen (Motivationen) sowie mögliche Schadensarten und Angriffsszenarien dargestellt.

Darüber hinaus wird in diesem Kapitel kurz das Thema Cloud angerissen, welches jedoch insbesondere im Kapitel 6 genauer beleuchtet wird.

2.1 Der Cyberraum (Cyberspace)

Eine klare und unumstößliche Definition für den Begriff *Cyberraum* oder Cyberspace in allen Facetten und mit allen Perspektiven herbeizuführen wäre zu akademisch und gewiss auch deutlich zu umfangreich für diesen Leitfaden.

Das Bundesamt für Sicherheit in der Informationstechnik reduziert den Begriff Cyberraum gewissermaßen auf den rein technischen Aspekt:

> *Der Cyber-Raum ist der virtuelle Raum aller weltweit auf Datenebene vernetzten bzw. vernetzbaren informationstechnischen Systeme. Dem Cyber-Raum liegt als öffentlich zugängliches Verbindungsnetz das Internet zugrunde, welches durch beliebige andere Datennetze erweitert werden kann.*

(Quelle: Cyber-Glossar des BSI[5])

Wobei als informationstechnisches System laut BSI Folgendes verstanden wird:

> *Ein informationstechnisches System (IT-System) ist eine technische Anlage, die der Informationsverarbeitung dient und eine abgeschlossene Funktionseinheit bildet. Typische IT-Systeme sind Server, Clients, Einzelplatzcomputer, Mobiltelefone, Router, Switches und Sicherheitsgateways.*

(Quelle: Cyber-Glossar des BSI)

---

[5] https://www.bsi.bund.de/DE/Themen/Cyber-Sicherheit/Empfehlungen/cyberglossar/Functions/glossar.html (abgerufen am 12.09.2019)

Bei der Betrachtung des Themas Cybersecurity spielen jedoch, wie spätestens in Kapitel 5 zu sehen sein wird, deutlich mehr Faktoren eine Rolle. Von daher differenzieren wir an dieser Stelle zwischen dem Cyberraum im engeren Sinne, was der Definition des BSI entspricht, sowie dem Cyberraum im weiteren Sinne, wobei wir die Darstellung des BSI um Menschen und die physische Umgebung erweitern.

Das zentrale Element des Cyberraums im engeren wie auch im weiteren Sinne ist das Internet. In der heutigen Zeit handelt es sich dabei in erster Linie um einen Marktplatz für Services aller Art. Ferner handelt es sich auch um ein etabliertes Kommunikationsmittel (oder zumindest die technische Grundlage für zeitgemäße Kommunikation) oder gar sozialen Lebensraum für Millionen Menschen weltweit. Letzten Endes hat uns bspw. Facebook in den vergangenen Jahren gelehrt, dass am Ende auch diese vermeintliche soziale Geborgenheit als Service zu verstehen ist.

Der Mensch tritt also als Servicebereitsteller (vgl. Webseiten, Online-Spiele, Social-Media-Plattformen) und Servicekonsument in Erscheinung.

Darüber hinaus ist der Mensch ein manipulierbarer Entscheidungsträger, der durch sein unvorsichtiges Handeln, z.B. im Cyberraum, den Fortbestand eines Unternehmens gefährden kann. Er ist häufig schlecht abzusichern und sein Fehlverhalten führt nicht selten zu ernsten Konsequenzen (vgl. *Ransomware*/verschlüsselte Datenträger). Dem Menschen kommt daher im Cyberraum eine ganz besondere Rolle zu.

> **Hinweis:**
> Die Darstellung des im Cyberraum aktiven Individuums als einfacher Konsument der im Cyberraum angebotenen Services ist natürlich stark abstrahiert. So handelt es sich in der Praxis nicht ausschließlich um den passiven Konsum, sondern viel eher um aktive Interaktion. Der Einfachheit halber fassen wir dennoch all jene, die keinen eigenen Service im Cyberraum bereitstellen, als Servicekonsumenten zusammen.
>
> In diesem Guide werden die Begriffe Unternehmen, Gesellschaft, Organisation und Kanzlei synonym verwendet.

Die physische Umgebung ist zumindest mittelbar mit dem Cyberraum verknüpft. Wie in Kapitel 5 gezeigt wird, sind Maßnahmen in diesem Spektrum wesentlich für die Gewährleistung einer störungsfreien Serviceerbringung und leisten somit einen wichtigen Beitrag für den Erhalt des Cyberraums.

2.2 Cybersecurity

Cybersecurity ist, wie oben bereits angeklungen, die Gesamtheit aller Maßnahmen, die vor den Gefahren des *Cyberraums* (im weiteren Sinne) schützen. Dabei beschränkt sich dieses Themenfeld nicht auf etwaige technische Maßnahmen oder den virtuellen Raum, sondern umfasst auch jene Aspekte, die der Absicherung des IT-Anwenders und seines Umfelds dienen.

> **Hinweis:**
> In der englischen Sprache existieren für das Wort Sicherheit zwei Begriffe, *Security* und *Safety*. Sie ermöglichen unterschiedliche Blickwinkel auf den Begriff Sicherheit. Security bedeutet dabei sinngemäß, dass ein Objekt in Sicherheit ist. Safety hingegen beschreibt, inwiefern die Umgebung des Objekts in Sicherheit, also sicher vor dem Objekt selbst, ist.
>
> So ist eine Schließanlage, die das Betreten einer Kanzlei (das Objekt) verhindert, eine Security-Maßnahme. Dass dieselbe Schließanlage im Falle eines Stromausfalls innerhalb der Kanzlei jedoch öffnet und den Menschen die Möglichkeit bietet, die Kanzlei zu verlassen, ist eine Safety-Maßnahme.

2.3 Akteure des Cyberraums

Wir betrachten Menschen im *Cyberraum* in erster Linie als Servicekonsumenten oder ggf. Servicebereitsteller. Da diese beiden Facetten jedoch von ihren Interessen her verhältnismäßig dicht beieinander liegen und quasi in einer Symbiose existieren, fassen wir diese beiden Seiten unter dem Begriff Anwender, im Sinne eines regulären IT-Anwenders, zusammen. Darüber hinaus verallgemeinern wir weiter, indem wir nun festlegen, dass diese Anwender keine zwangsläufig natürlichen Personen sein müssen. Wir zählen Ihre Kanzlei demnach auch als eigenständige Entität mit der Absicht, Services zu konsumieren, zu dieser Gruppe hinzu.

Dem gegenüber stehen jene Entitäten, die sich vermeintlich schädlich diesen Anwendern gegenüber verhalten.

2.3.1 Anwender

Als Anwender verstehen wir also alle Entitäten innerhalb des Cyberraums, die keine potenziell kriminellen Absichten verfolgen.

Ein Anwender konsumiert Services bspw. zu Gunsten der Aufrechterhaltung seiner Geschäftsprozesse (Office-, Buchhaltungsapplikationen oder sonstige Cloud-Dienste) oder seiner eigenen Bedürfnisse, oder stellt Services bereit.

Durch die Aktivitäten der Anwender innerhalb des Cyberraums werden sie darüber hinaus jedoch auch zur Zielscheibe. Es war lange Zeit üblich, diese Gruppe der potenziellen Ziele für Cyberangriffe ihrer Größe, Ausprägung oder Sichtbarkeit nach zu unterscheiden. Tatsächlich zeigt die jüngere Vergangenheit, dass eine solche Unterscheidung nicht mehr zutrifft und häufig nur noch in der Art und Intensität der Angriffe variiert.

Natürlich kommen bestimmte Angriffe häufiger gegen bestimmte Ziele vor als andere. So werden Privatpersonen und Kanzleien seltener Opfer langfristig angelegter Sabotagekampagnen, als das bspw. bei zwischenstaatlichen Konflikten beobachtet werden kann.

Was in diesem Zusammenhang durchaus von Interesse ist, ist die Frage nach möglichen Schäden, die durch einen Cyberangriff entstehen können. Tabelle **Tab. 2.1** gibt daher einen kleinen Überblick über mögliche Schadensarten, wobei die Reihenfolge als Annahme hinsichtlich der Eintrittswahrscheinlichkeit verstanden werden kann.

Bezeichnung	Beschreibung
Datenverlust/ -manipulation	Hierunter zählt Datendiebstahl auf der einen und die Unbrauchbarmachung von Informationen (*Ransomware*) auf der anderen Seite. Mit Einführung der DSGVO im Mai 2018 hat insbesondere der erste Punkt an Bedeutung gewonnen. Die Erfahrung zeigt jedoch, dass erhebliche Schäden gerade durch defekte Daten (inkl. Backups) entstanden sind. Ein Aspekt, der hierbei häufig vergessen wird, ist die gezielte Datenmanipulation. Insbesondere für Services, die auf die Integrität der Daten angewiesen sind, kann dies deutlich schlimmer sein als der bloße Datenverlust. Für Privatpersonen ist dies zudem der wohl am häufigsten auftretende und zugleich gefürchtetste Schadensfall, da dies nicht selten mit der Offenlegung sensibler/intimer Informationen einhergeht.
Reputationsschäden	Je nach Ausmaß des Angriffs ist grundsätzlich mit einem Reputationsschaden zu rechnen.

Bezeichnung	Beschreibung
Technische Schäden	Hierunter zählen bspw. Systemausfälle. Selten, jedoch nicht auszuschließen, sind neben dem temporären Ausfall einzelner Systeme durch Unregelmäßigkeiten auf Ebene der Software echte Schäden an der Hardware.
Wirtschaftliche Schäden	Abstrakt, aber dennoch unmittelbar auf Cyberangriffe zurückzuführen, sind unter Umständen Ausfälle der Produktion, des Vertriebs oder allgemein der Servicebereitstellung mit dem Ergebnis finanzieller Einbußen. Wenngleich hier wohl der Interessensschwerpunkt für das Management liegen dürfte, so sollte bedacht werden, dass es sich hierbei um kein exklusives Cyber-Thema handelt.
Organisatorische Schäden	Ein gezielter Angriff auf existenzielle Fähigkeiten eines Unternehmens kann zum Zusammenbrechen der Organisation an sich führen. Gemeint ist hierbei der Zusammenbruch bestehender Prozesse/Prozessketten. Hiervon kann sowohl die Fertigung wie auch die Unternehmensführung betroffen sein.
Personenschäden	Der wohl schlimmste anzunehmende Schaden ist Personenschaden. Heutzutage kann dies durch die starke Vernetzung von bspw. Steuer- und Regelanlagen leider nicht mehr ausgeschlossen werden. Man denke insbesondere an den gesamten Bereich KRITIS.

Tab. 2.1 Schadensarten

2.3.2 Angreifer

Angreifer lassen sich nach zwei Merkmalen unterscheiden, Größe und Motivation.

Orientierte sich die Motivation bis in die 80er/90er Jahre noch recht deutlich am Ruhm, wandert sie seitdem zunehmend in den Bereich solider Geschäftsmodelle. Wenngleich es natürlich illegal ist, ein solches zu betreiben. Und damit sind wir auch schon bei dem wohl inzwischen wesentlichen Antrieb moderner krimineller Hacker angekommen, dem Geld.

Eingriffe im Sinne der Manipulation von Informationen und/oder Lähmung bspw. ganzer Wirtschaftszweige oder Regierungen sind eher große, auf Dauer angelegte verdeckte Operationen, die zwar ganzheitlich von herausragender Bedeutung, für den Einzelnen oder für KMUs jedoch nur bedingt von Bedeutung sind. Tabelle **Tab. 2.2** fasst eine Auswahl geeigneter Unterscheidungsmerkmale oder, besser gesagt, Charakteristika von im *Cyberraum* offensiv agierenden Entitäten zusammen.

Bezeichnung	Motivation	Größenordnung	Ziel
Hacktivism[6]	Ruhm, politisch motiviert; Ideale; Aufklärung; vermeintlich Missstände beseitigen	Zum Teil größere Gruppen	Erpressung; Informationsgewinnung; Kompromittierung
Cyber-Kriminelle	Geld	Einzeltäter; Kleingruppen	Erpressung; Betrug; Proliferation
Organisierte Kriminalität		Nehmen Unternehmensstrukturen an; Größe variiert stark; häufig lose Verbindungen aus Einzeltätern	
Staatlich subventionierte Hackergruppen	Geld; Ideale	Gut organisierte Kleingruppen; Größe variiert	Informationsgewinnung; Spionage; Kompromittierung; Sabotage
Staatliche Hackergruppen	Informationen; politisches und militärisches Wirkmittel; Krisenbewältigung	Angaben sind nicht öffentlich verfügbar	
Script-Kiddie[7]	Neugier; Rache; Geld	Einzeltäter	Erpressung; Kompromittierung

Tab. 2.2 Angreiferarten

Hinweis:

Die Bezeichnung „Hacker" ist ungerechtfertigterweise negativ besetzt, weil darunter oft jemand verstanden wird, der in fremde Computer einbricht. Tatsächlich bezeichnet dieses Wort allerdings lediglich Individuen, die sich durchaus intensiv mit technischen, organisatorischen oder sonstigen Grundlagen des *Cyberraums* (im weiteren Sinne) befassen und diese kritisch hinterfragen.

Ohne Hacker stünde auch der gesamte Bereich der *Cybersecurity* nicht dort, wo er heute steht.

---

[6] Hacktivist: Wortneuschöpfung aus „Hacking" und „Aktivist".
[7] Script-Kiddies sind unerfahrene, zum Teil unbeabsichtigt offensiv agierende Einzeltäter. Sie verfügen über keine speziellen Fähigkeiten und verfolgen nicht zwingend ein echtes Ziel, sondern sind eher von Neugier getrieben. Für Kanzleien und andere Unternehmen mit einer rudimentären Absicherung sollten Script-Kiddies keine Gefahr darstellen.

Neben der Motivation und Organisation der Angreifer ist auch durchaus interessant, wie mögliche Angriffsziele aussehen. Im Klartext: Was wollen Angreifer, getrieben von ihrer unterstellten Motivation, mit ihrem Angriff beim Angriffsziel erreichen?

Tabelle **Tab. 2**.2 zeigt in der letzten Spalte bereits, welche Ziele durch welche Gruppe verfolgt werden. In den folgenden Abschnitten wird dies noch einmal aufgegriffen und etwas detaillierter dargestellt, worum es sich bei den jeweiligen Zielen handelt. Danach folgt ein Überblick über mögliche Wege, über die ein entsprechender Angriff laufen könnte.

Informationsgewinnung

Unter Informationsgewinnung versteht man die Beschaffung oder das Ableiten von Informationen, die zur Zielerreichung hilfreich sein könnten. Hierbei unterscheidet man zwischen zwei grundsätzlichen Ausprägungen.

Die passive Informationsgewinnung umfasst dabei alle offen verfügbaren Informationen. Passiv bedeutet hierbei ohne unmittelbare Verbindungsaufnahme zum Zielsystem. Hierunter zählen bspw. Veröffentlichungen, Fach-/Konferenzbeiträge, Registereinträge, Jahreszahlen oder eine Auswertung sozialer Medien.

Dem gegenüber steht die aktive Informationsgewinnung, in der es zu einem regen Kontakt zwischen dem Angreifer und dem Ziel kommen kann. So gehören bspw. Social-Engineering-Kampagnen oder Analysen der unternehmenseigenen Webseiten sowie vom Internet aus erreichbarer Server zu dieser Ausprägung.

Mittel:

- **O**pen **S**ource **INT**elligence (*OSINT*)[8]
- *Social Engineering*
- Scanning- und Enumerations-Werkzeuge

---

[8] Eine Übersicht über Angriffe und entsprechenden Gegenmaßnahmen finden Sie im online bereitgestellten Zusatzmaterial

> **Praxistipp:**
> Es kann überaus aufschlussreich sein, einmal seinen eigenen digitalen Fußabdruck zu ermitteln oder ermitteln zu lassen. Häufig geben Unternehmen, bspw. bei Stellenausschreibungen, unnötigerweise zu viele Informationen preis, welche aus Angreifersicht sehr wertvoll sein können.

Kompromittierung

Eine Kompromittierung bildet häufig die Grundlage für die Erreichung eines der anderen Ziele, kann aber selbst auch als Ziel verstanden werden.

Kompromittierung bedeutet hierbei, dass sich der Angreifer Zugriff auf ein IT-System verschaffen konnte und infolgedessen davon ausgegangen werden muss, dass unter Umständen weitere Systeme gleichen Typs oder Systeme, die sich hinter diesem befinden (Datenbanken, weitere IT-Systeme), ebenfalls kompromittiert wurden. Darüber hinaus ist die Integrität des Systems und der darauf befindlichen Daten nicht länger gegeben.

Hat es der Angreifer geschafft, ein IT-System zu kompromittieren, kann er sich darin verstecken, um bspw. zunächst weiter zu beobachten und ggf. weitere Zugangspunkte (Administrator-Passwörter) zu identifizieren. Es ist auch möglich, direkt zu versuchen, weitere Systeme zu kompromittieren, von dort aus Daten abfließen zu lassen oder das IT-System als solches (temporär) unbrauchbar zu machen. Im Grunde kann der Angreifer tun, was immer ihm beliebt.

Mittel:

— *Social Engineering*
— *Exploiting Frameworks*
— Scanning- und Enumerations-Werkzeuge
— *Schwachstellenscanner*

Spionage

Cyber-Spionage hat zahlreiche Facetten. Der Einstiegspunkt hierbei ist gewiss die bereits weiter oben abgesprochene Informationsgewinnung. Darüber hinaus beinhaltet sie die Kompromittierung von IT-Systemen und die dadurch mögliche Überwachung des Ziels von innen heraus sowie, wo erforderlich, das systematische Exfiltrieren sensibler Daten.

Neben den rein virtuellen Ansatzpunkten befasst sich dieses Themenfeld auch mit Vektoren, die es erlauben, IT-Systeme zu überwachen, die über keine unmittelbare Verbindung zum Internet verfügen. Hier spricht man häufig vom Überwinden des Air Gaps, wobei bspw. elektromagnetische Eigenschaften des IT-Systems (Abstrahlung) dazu genutzt werden, Erkenntnisse abzuleiten.

Natürlich kommen bei Cyber-Spionage-Kampagnen auch klassische Spionagemethoden zum Einsatz.

Sabotage

Ein Angriff mit dem Ziel der Sabotage unterscheidet sich von der Idee her kaum von der klassischen Sabotage. Es wird also auf eine Zerstörung oder zumindest Lähmung eines IT-Systems abgezielt.

Wege, um eine Störung eines IT-Systems herbeizuführen, sind dabei sehr mannigfaltig. So können Serverdienste (Software) nachhaltig manipuliert, Konfigurationsdaten geändert oder physische Überlastungen, mit der Folge physischer Zerstörung, provoziert werden. Dabei sind derartige Aktionen selten kurzfristiger Natur. Oft wird versucht, auch vorhandene System-Redundanzen und Daten-Backups zu berücksichtigen.

Nicht selten geht einer Sabotage-Aktion eine weitreichende Kompromittierungs-Kampagne voraus, mit dem Ziel, möglichst viele Systeme in der geplanten Sabotageaktion berücksichtigen zu können.

Sind alle Vorbereitungen getroffen, muss es nicht sofort zur eigentlichen Störung kommen. Eine weitreichende Sabotageaktion kann als strategische Option betrachtet werden, welche nur im Bedarfsfall ausgelöst wird, um sich einen entsprechenden Vorteil (Zeit, Chaos, Handlungsüberlegenheit) zu verschaffen.

Wie die Komplexität dieser Maßnahme erwarten lässt, handelt es sich bei den Angreifern hierbei selten um einfache Cyber-Kriminelle. In der Regel beschäftigen sich Staaten oder staatlich subventionierte Hackergruppen mit derartigen Fähigkeiten.

Mittel:

- *(distributed) Denial of Service* Angriffe
- *Bot-/Zombienetze*

Erpressung

Erpressung über den *Cyberraum* wurde in den vergangenen Jahren professionalisiert, wobei Erpressungsversuche mittels sogenannter *Kryptotrojaner*, insbesondere in der jüngeren Vergangenheit, deutlich in den Fokus der Aufmerksamkeit gerückt sind. Daneben gab es noch zahlreiche Erpressungsversuche, die darauf abzielten, Nutzer, die auf einschlägigen Seiten des Internets unterwegs waren, auf Basis angeblicher Urheberrechtsverletzungen, juristisch zu belangen. Auch durchaus gezieltere Angriffe, insbesondere gegen Prominente, mit der Absicht, sensible Informationen, wie intime Bilder, zu erhalten und betroffene Personen mit deren Veröffentlichung zu erpressen, kamen in der Vergangenheit vor.

Ziel ist es also, den Nutzer zu einer Zahlung zu bewegen, um unangenehme Konsequenzen, wie die Offenlegung intimer Informationen oder den Verlust unternehmenskritischer Daten, zu vermeiden.

Mittel:

- *Kryptotrojaner/Ransomware*
- (distributed) Denial of Service
- Bot-/Zombienetze

Betrug (Diebstahl von Zugangsdaten)

E-Mails enthalten zuweilen Links zu Webseiten, die das Opfer zur Eingabe von Zugangsdaten, bspw. für das Online-Banking-Portal, PayPal oder die einschlägigen Social-Media-Plattformen, bewegen soll. Neben der Problematik, dass Angreifer hierdurch Kenntnis über Zugangsdaten erlangen, ist es in manchen Fällen auch möglich, die Webseite so zu präparieren, dass das Opfer, bspw. im Glauben, lediglich das Passwort zu ändern, unmittelbar eine Zahlung anweist.

Mittel:

- *Phishing Mails/Websites*

Proliferation

Spätestens mit der Erscheinung des Anonymisierungsnetzwerks *TOR* Anfang der 2000er Jahre wurde eine Möglichkeit geschaffen, (vermeintlich) anonyme Online-Shops zu betreiben, um illegale Waren, v.a. Waffen, Drogen und illegale Dienstleistungen, zu vertreiben.

Illegaler Handel ist nur mittelbar das Ziel eines Angreifers, dennoch gilt dies als Einnahmequelle und fördert die Verbreitung von Schadsoftware. Wie in Abschnitt 2.5 dargestellt wird, wurde mit der Etablierung dieses Marktes der Zugang zu kriminellen Fähigkeiten deutlich vereinfacht.

Mittel:

– TOR

Nachdem nun eine Auswahl möglicher Angriffsziele dargestellt wurde, gilt noch zu klären, wie Angreifer zu ihrem Ziel gelangen. Im Folgenden werden hierzu gängige Einstiegstore für Angreifer skizziert.

Schwachstellen

Eine technische Schwachstelle ist eine aus Nutzer-/Betreibersicht ungewollte und zugleich üblicherweise schadhafte Eigenschaft von Protokollen (bspw. Bluetooth, *WPA2*), Programmen/Software (Microsoft Windows 10) oder Geräten/Hardware (Intel CPUs).

Je nach Verbreitung der betroffenen Soft- oder Hardware, kann dies schwerwiegende Auswirkungen haben.

Die dabei am häufigsten auftretenden Effekte sind:

1. *„Code Execution"*
   Dabei ist es dem Angreifer möglich, das betroffene IT-System zur Ausführung seiner Befehle zu bewegen.

2. *„Denial of Service"*
   Die Schwachstelle gefährdet bei Ausnutzung die Verfügbarkeit des Dienstes.

Eine Übersicht über alle bekannten und gelisteten technischen Schwachstellen, inkl. einer Darstellung des Angriffswegs und einer Bewertung hinsichtlich der individuellen Kritikalität, kann der Common-Vulnerabilities-and-Exposures-(*CVE*-)Liste[9] entnommen werden.

---

[9] https://cve.mitre.org (abgerufen am 22.09.2019)

Einige Firmen haben auf diese Problematik reagiert und rufen regelmäßig hohe Preisgelder im Zuge sogenannter *Bug-Bounty*-Programme für den Fund einer Schwachstelle aus.

Neben technischen Schwachstellen existieren noch organisatorische und personelle Schwachstellen. Organisatorische Schwachstellen umfassen bspw. fehlerhafte Prozesse oder unvollständige/fehlerhafte Rollen- und Rechtefestlegungen (vgl. Kapitel 5.2.6 Querschnittliche Maßnahmen). Nicht oder nur schlecht ausgebildetes Personal wäre bspw. eine personelle Schwachstelle.

Authentifizierungsprobleme und schwache Kryptografie

Unter der Überschrift „Authentifizierungsprobleme und schwache Kryptografie" soll im Wesentlichen auf zwei Probleme hingewiesen werden. Das erste Problem ist der Umgang mit Passwörtern.

Mit Passwörtern gehen genau genommen gleich eine ganze Reihe von Problemen einher.

1. Werkseitig gesetzte Passwörter (Default-Passwörter)
   Die meisten Passwörter, die werkseitig gesetzt werden, sind problemlos online abrufbar. Hersteller, die für jedes Produkt ein individuelles Default-Passwort generieren, sind dahingehend zwar besser aufgestellt, dennoch nutzt dies nur wenig, wenn die dazugehörigen Algorithmen ebenfalls online einsehbar sind.

2. Wiederverwendung von Passwörtern
   Passwörter sollen komplex und einzigartig sein. Das führt leider oft auch dazu, dass es nur ein Passwort für alle IT-Systeme gibt. Im Falle der Offenlegung dieses einen Passworts sind nun alle involvierten IT-Systeme der Gefahr ausgesetzt, kompromittiert zu werden.

3. Wahl schwacher Passwörter
   Durch das inzwischen auch von dem U.S. National Institute of Standards and Technology (NIST)[10] nicht länger empfohlene, jedoch nach wie vor häufig umgesetzte Passwortverfallsdatum kommt es zu sehr

---

[10] https://pages.nist.gov/800-63-3/sp800-63b.html (abgerufen am 22.09.2019)

einfachen, erratbaren/ableitbaren Passwörtern. Dies gilt insbesondere, wenn zuvor alte Passörter offengelegt wurden.

4. Sichtbarkeit der Passwörter
Eine weitere Frage ist, wie Passwörter im IT-System hinterlegt bzw. wie Passwörter zwischen verschiedenen IT-Systemen (technisch) transportiert werden. Hier kommen in aller Regel sogenannte Hashing-Algorithmen zum Einsatz. Ist das gewählte Verfahren nicht sicher/nicht komplex genug, kann der Angreifer den ursprünglichen Inhalt möglicherweise erraten (vgl. *Wörterbuchangriffe*, *Brute-Force-Angriffe*) und verfügt über das Passwort.

Hinweis:
Im Glossar befindet sich eine Unterscheidung zwischen Encoding, Hashing und Verschlüsselung.

Neben der unzureichenden Sensibilität bzgl. des Umgangs mit Passwörtern wird teilweise kein Wert auf die Umsetzung starker Kryptografie gelegt. Das hat zur Folge, dass Verfahren eingesetzt werden, die nicht mehr zeitgemäß sind oder gar als „gebrochen" gelten. Darüber hinaus kommt es immer wieder vor, dass im Zuge der Softwareentwicklung eigene Verfahren zur Verschlüsselung entwickelt werden. Die Erfahrung zeigt, dass spätestens, wenn der hinter dem selbstentwickelten Verfahren steckende Algorithmus oder zumindest die entsprechende Implementierung offengelegt wird, das Verfahren schnell gebrochen oder Fehler in der Implementierung identifiziert werden.

Die Sicherheit zahlreicher Eigenentwicklungen basiert nicht selten auf dem Prinzip *Security by Obscurity*, was bedeutet, dass die Verfahren nur so lange sicher sind, wie sie verborgen bleiben können. Dieses Prinzip hat sich in der Vergangenheit häufig als fatal herausgestellt und sollte, falls möglich, vermieden werden.

Praxistipp:
Sofern die Nutzung kryptografischer Verfahren erforderlich ist, sollte darauf geachtet werden, nur jene Verfahren zu nutzen, die als sicher gelten. Zudem ist, sofern diese Möglichkeit besteht, auf die Eigenentwicklung kryptografischer Verfahren oder die Eigenimplementierung existierender Verfahren zu verzichten.

Innentäter

Ein offensichtlich äußerst effizienter Angriffsweg ist das Platzieren und Nutzen von sogenannten Innentätern innerhalb der Organisation. Dabei handelt es sich häufig um legitime Mitarbeiter oder Personal (bspw. Wartungs-/Servicepersonal, Reinigungskräfte), das aus anderen Gründen über Zugang zu IT-Systemen der Organisation verfügt. Da der Angriff in diesem Fall unmittelbar von innen heraus geschieht, sind die üblicherweise nach außen gerichteten Sicherheitsmaßnahmen wirkungslos.

Social Engineering

Dies ist wohl heutzutage das meistgewählte Einfallstor. In Zeiten, in denen es zunehmend komplexer wird, eines IT-Systems technisch habhaft zu werden, müssen sich Angreifer neue Wege suchen. Auch wenn *Social Engineering* keine neue Erfindung ist, wird es insbesondere in der jüngeren Vergangenheit gehäuft angewendet, um Schadcode an den Sicherheitsvorkehrungen vorbei im Unternehmensnetz zu platzieren. Dabei wird ganz auf den Faktor Mensch gesetzt und seine Hilfsbereitschaft, seine Neugier oder seine Angst ausgenutzt. Erreicht wird dies durch Anrufe, Phishing oder auch persönlich auf dem Firmengelände. Die Idee ist, das Opfer zu einem bestimmten Verhalten zu bewegen. Dies kann die Preisgabe von Passwörtern oder sonstigen sensiblen Informationen, aber auch die Ausführung von Schadcode, bspw. via E-Mail-Anhänge, sein. Der Kreativität des Angreifers sind dabei keine Grenzen gesetzt.

Phishing

Wie bereits erwähnt, ist eine in diesem Zusammenhang regelmäßig in Erscheinung tretende Maßnahme *Phishing*. Phishing, eine Wortneuschöpfung bestehend aus Passwort und Fishing (siehe BSI-Glossar), beschreibt ein Verfahren, mit dem mittels gefälschter E-Mails und/oder gefälschter Webseiten das Opfer dazu gebracht werden soll, Zugangsdaten preiszugeben. Besonders problematisch bei diesem Angriffsweg ist die Tatsache, dass sich Einrichtungen, die diesen Kanal stark für die Kommunikation mit Kunden und Klienten nutzen, kaum gegen diesen Infektionsweg wehren können.

Man unterscheidet hierbei verschiedene Ausprägungen.

1. Phishing
   Das „normale" Phishing basiert auf massenhaft verteilten gefälschten E-Mails und/oder Webseiten. Eine Anpassung an ein bestimmtes Ziel oder einen bestimmten Personenkreis erfolgt in der Regel nicht.

2. Spear Phishing
Beim Spear Phishing hingegen erfolgt der E-Mail-Versand bereits deutlich gezielter für einen vorab identifizierten Personenkreis, mit bereits zugeschnittenen Ansprachen, Texten, Layouts etc.

3. Whaling
Whaling werden Spear-Phishing-Angriffe genannt, die sich explizit gegen die Geschäftsleitung oder das Management eines Unternehmens richten.

4. Pharming
Pharming ist eine Kombination aus einem Phishing-Angriff und einer Manipulation der Adressauflösung für Webseiten (Domain Name Service/DNS). Hierbei ist für das Opfer kaum noch auszumachen, ob es sich um eine echte oder eine gefälschte Webseite handelt.

Physischer Zugriff

Der aus Sicht des Angreifers optimalste Fall ist der physische Zugriff. Selten werden IT-Systeme, insbesondere Server, adäquat gegen solche Szenarien geschützt.

Dem Angreifer ist es unter Umständen in diesem Fall möglich, lokale Daten aus dem IT-System zu beziehen und/oder beliebige Konfigurationen zu ändern und somit gewissermaßen ein eigenes präpariertes System im Zielnetzwerk zu betreiben.

>
> **Hinweis:**
> Offline-Festplattenverschlüsselung, wie Microsoft BitLocker, ist ein guter Diebstahlschutz, hilft aber nicht, wenn der Angreifer die Daten im laufenden Betrieb, bspw. auf einem nicht gesperrten Computer, abgreifen kann.

Unabhängig von der Übernahme oder Manipulation bereits bestehender IT-Systeme kann der Angreifer bei entsprechendem Zugang zum Zielnetzwerk auch eigene IT-Systeme platzieren, um sich so einen ständigen Zugriff auf das Zielnetzwerk zu sichern.

Man-in-the-Middle-(MitM-)Angriffe

Wie der Name vermuten lässt, ist es hierbei das Ziel des Angreifers, sich selbst zwischen zwei kommunizierenden Knoten zu positionieren, um die Kommunikation belauschen oder manipulieren zu können.

Schadcode/Schadprogramme

Im Folgenden werden zunächst verschieden Schadprogrammarten dargestellt. Anschließend geht dieser Abschnitt auf übliche Infektionswege ein.

Unabhängig von der Art ist zunächst festzuhalten, dass nicht immer der gesamte Schadcode heruntergeladen wird. Je nach Komplexität und Größe des Schadcodes folgt nach dem Download eines (sozusagen) „Initiator-Schadcodes" der Download weiterer Schadcodefragmente. Dies gilt auch als Verfahren, um Sicherheitsmaßnahmen zu umgehen.

Schadprogrammarten unterscheiden sich in erster Linie durch ihre jeweiligen Verteilungsmechanismen und Wirkungsweisen.

1. *Trojaner oder Trojanisches Pferd*
   Der Schadcode kommt als schadhafte Zusatzfunktion eines ansonsten harmlosen Programms. Dabei wird, anders als bei einem Virus, keine eigene Verteilung/Reproduktion forciert. Ziel eines trojanischen Pferds ist es viel eher, eine Hintertür zum System zu öffnen und infolgedessen eine Fernadministration zu ermöglichen oder eine vordefinierte Aufgabe, wie bspw. das Verschlüsseln von Daten, auszuführen.

2. *Viren*
   Ein Virus ist ein Schadprogramm, das, wie das trojanische Pferd, in aller Regel über ein vermeintlich harmloses Programm mit installiert/ausgeführt wird. Dabei ist die entscheidende Eigenschaft eines Virus, dass er sich selbst reproduziert, indem er sich, vereinfacht dargestellt, in andere Programme hineinkopiert und somit lokal ausbreitet.

3. *Würmer*
   Würmer sind Viren sehr ähnlich, wobei derartige Schadprogramme zusätzlich aktiv versuchen, neue Rechner über das Netzwerk zu infizieren.

4. *Rootkits*
Ein Rootkit versorgt einen Angreifer mit einer Hintertür oder bestimmten Handlungsoptionen auf einem IT-System. Dabei werden z.B. bestehende unauffällige Programme zur Systemadministration abgeändert oder neue Programme ergänzt, um so zukünftige Angriffe gegen dieses System zu vereinfachen.

Die Klassifizierung eines Schadprogramms kann sich zuweilen als sehr schwierig erweisen, da es sich häufig um Mischformen handelt.

Es gibt verschiedene Möglichkeiten, sich mit den oben genannten Schadcodearten zu infizieren. Die folgenden sind nur eine Auswahl möglicher Infektionswege:

1. Download vermeintlich kostenloser Software
   Wird Software kostenlos zum Download bereitgestellt, ist grundsätzlich Vorsicht geboten. Dies gilt insbesondere, wenn die Downloadquelle nicht vertrauenswürdig ist. So kann es vorkommen, dass man sich neben der gewünschten Software Schadcode mit herunterlädt und installiert.

2. Drive-By-Downloads/Drive-By-Execution/Drive-By-Cache
   Diese Form der Infektion setzt zunächst eine Schwachstelle im Browser, in verwendeten Browsererweiterungen oder gar im Betriebssystem voraus. Beim Besuch einer präparierten Webseite wird, vereinfacht dargestellt, zunächst der Download des Schadcodes initiiert, welcher anschließend über die angesprochene Schwachstelle ausgeführt wird.

3. E-Mail-Anhänge, ausführbare Dateien und Dokumenten-Makros
   Es werden regelmäßig E-Mails mit schadhaften Anhängen versendet. Diese Anhänge kommen häufig in Form getarnter ausführbarer Dateien oder Makroerweiterungen in normalen Dokumenten, zum Teil als ein mit einem Passwort geschütztes Archiv, vor. Bei beiden Varianten wird darauf abgezielt, dass das Opfer den Anhang herunterlädt und ausführt bzw. öffnet (und das Makro ausführt), woraufhin die Infektion mit dem Schadcode initiiert wird.

> **Hinweis:**
> Je nach Konfiguration der involvierten Office-Lösung wird das Makro automatisch ausgeführt.

Fehlkonfigurationen

Der letzte für Angreifer überaus attraktive Einstiegspunkt in ihr Zielnetz, welcher im Rahmen dieses Leitfadens angesprochen werden soll, sind klassische Fehlkonfigurationen und verwahrloste Server/Services.

Hier ins Detail zu gehen würde allerdings den Rahmen des Leitfadens sprengen, da die Möglichkeiten, sich bei einer Konfiguration zu vertun, mannigfaltig sind.

Beispiele hierfür wären:

1. DNS
   Falsch konfigurierte Domain Name System Server (Namensauflösung) können einen ungewollt tiefen Einblick in das interne Unternehmensnetz gewähren.

2. SNMP
   Viele Server und Netzwerkkomponenten (Router, Switches etc.) lassen sich aus der Ferne mittels Simple Network Management Protocol steuern oder erlauben zumindest, etwaige Betriebsdaten auszulesen. Hierzu ist eine Art Passwort („Community String") erforderlich, welches werkseitig üblicherweise mit Trivialwerten vorbelegt wird. Ist nun der SNMP-Dienst aus dem Internet erreichbar und das Passwort nicht neu gesetzt worden, kann ein Angreifer das betroffene Gerät selbst fernadministrieren.

3. SMTP
   Auch recht häufig zu sehen sind falsch konfigurierte Simple Mail Transport Protocol Server. Grundsätzlich dienen diese Server dem Versand von E-Mails. Werden sie achtlos konfiguriert, kann es passieren, dass auch ein potenzieller Angreifer offizielle Firmenmails versenden kann, was ein hervorragender Ausgangspunkt für eine Phishing-Kampagne darstellt.

Natürlich gehören die bereits weiter oben angesprochenen Authentifizierungsprobleme ebenfalls zum Teil in diese Kategorie.

Neben fehlerhaften Konfigurationen trifft man häufig auf verwahrloste Server/Services. Das sind im Wesentlichen IT-Systeme, die aus dem Internet erreichbar sind, aber scheinbar nicht mehr gewartet werden. Hier kommt es nicht selten zu Schwachstellen, die einem Angreifer eine Hintertür in das gut gewartete Produktiv-Netz öffnen.

> **Praxistipp:**
> Jede Konfiguration ist regelmäßig kritisch zu hinterfragen. Darüber hinaus sollten alle Schnittstellen zum Internet dokumentiert und ebenfalls regelmäßig kontrolliert werden. Seiten oder Dienste, die nicht länger benötigt werden, sollten unverzüglich heruntergefahren werden.

Advanced Persistent Threats

Eine besondere Rolle spielen sogenannte *Advanced Persistent Threats*, kurz APTs. Dabei handelt es sich um einen gezielten Angriff, der nicht selten von staatlich subventionierten Gruppen ausgeht. Die Angreifer verfügen in der Regel über ein erhebliches technisches Wissen und über nahezu uneingeschränkte finanzielle Mittel. APTs bleiben nach der initialen Kompromittierung eines IT-Systems häufig Wochen oder Monate (selten auch ganze Jahre) unerkannt und breiten sich indes weiter im Zielnetzwerk aus. Wie die Verweildauer im Zielnetz vermuten lässt, sind APTs nur sehr schwer zu detektieren. Selbst nach einer Detektion kommt das Ausmaß der Kompromittierung selten vollständig ans Licht, was zur Folge hat, dass nach einem solchen Befall ganze Netzabschnitte oder gar Netze neu aufgebaut werden müssen.

An dieser Stelle pauschal adäquate/wirkungsvolle Gegenmaßnahmen zu benennen ist nicht möglich. Worauf es in jedem Fall zu achten gilt, sind nicht erklärbare Unregelmäßigkeiten innerhalb des eigenen Netzes. Hinweise hierzu können aus verschiedenen Quellen kommen:

– Nutzermeldungen über seltsames Verhalten des PCs
– Abstürze von IT-Systemen/Servern
– Auffälligkeiten in Protokolldaten

Wesentlich, um diesen Hinweisen nachgehen zu können oder sie überhaupt als solche zu erkennen, ist, dass vorab, wie in Abschnitt 5.2.6 beschrieben, eine Protokolldatenauswertung implementiert wurde. Darüber hinaus ist es Unternehmen, die im internationalen Fokus stehen, durchaus anzuraten, über die (bestenfalls regelmäßige) Durchführung der im Kapitel 9.3 erläuterten Maßnahmen wie *Schwachstellenanalysen*, *Penetrationstests* und insbesondere *Red Teaming* nachzudenken, um die bestmögliche Sicherheit gewährleisten zu können.

>
>
> **Praxistipp:**
> Ein nachhaltig zuverlässiger Schutz vor APTs existiert nicht. Dennoch ist es ratsam, zumindest eine umfassende Protokolldatenüberwachung (Systemüberwachung) einzurichten, um laufende Angriffe erkennen zu können.
>
> Darüber hinaus sollte über die Durchführung von in Kapitel 9.3 vorgestellten Maßnahmen (Schwachstellenanalysen, Penetrationstests oder Red Teaming) sowie in Kapitel 11.3.7 vorgestellten Übungen nachgedacht werden, um Schwachstellen aufzudecken, eigenes Personal zu schulen und Probleme innerhalb der eigenen Prozesse aufdecken zu können.

Da jährlich neue APTs aufgedeckt werden, wird an dieser Stelle auf eine Auflistung verzichtet und stattdessen auf die jährlich erscheinenden APT-Reports (bspw. Fireeye M-Trends Report[11]) hingewiesen.

2.3.3 Wirtschaftsprüfer und Steuerberater als Zielgruppen

Sicherlich überaus relevant ist die Frage, warum ausgerechnet Wirtschaftsprüfer und Steuerberater zum Ziel eines Cyberangriffs werden sollten. Dafür gibt es gleich mehrere Gründe. Zum einen befinden sich in ihrem Verantwortungsbereich sehr wahrscheinlich vertrauliche Daten in nicht unerheblichem Umfang. Daten, die unter Umständen dazu geeignet sind, Entitäten der Wirtschaft zu belasten und/oder ggf. sogar vom Markt zu verdrängen.

Für Wirtschaftsprüfer und Steuerberater, die im KRITIS-Umfeld tätig sind, gilt dieses umso mehr, da Unregelmäßigkeiten in derartigen Unternehmen Auswirkungen auf die gesamte Gesellschaft haben können. Darüber hinaus lassen einige Informationen gewiss Rückschlüsse auf Einzelpersonen zu und können dazu dienen, eben diese erheblich zu diskreditieren.

---

[11] https://content.fireeye.com/m-trends-de/rpt-m-trends-2018-de (abgerufen am 22.09.2019)

Zum anderen handelt es sich bei Wirtschaftsprüfern und Steuerberatern in der Regel um solvente Gruppen, was sie für Erpressungsmodelle, z.B. *Ransomware*, sehr attraktiv macht.

Da Wirtschaftsprüfer und Steuerberater in der Regel mit vertraulichen Daten zahlreicher Unternehmen arbeiten, haben Angreifer wahrscheinlich ein besonderes Augenmerk auf sie gerichtet. Sofern ein Angreifer erfolgreich Daten aus einer Kanzlei exfiltrieren konnte, stehen ihm damit geschäftskritische Daten zu einer größeren Anzahl an Unternehmen zur Verfügung. Der Wirtschaftsprüfer bzw. Steuerberater würde so quasi ungewollt als Mittelsmann für den Angriff auf ein Drittunternehmen fungieren.

Neben der Exfiltration kann die Motivation eines Angreifers aber auch darin liegen, gespeicherte Datensätze zu manipulieren, um die Arbeit zu erschweren, Betrugsfälle bei einem Mandanten zu decken oder diese sogar bewusst herbeizuführen.

Da Wirtschaftsprüfer und Steuerberater zusätzlich eine hohe Reputation genießen und ihre Arbeit ein großes Maß an Vertraulichkeit und Integrität erfordert, kann seitens möglicher Täter hoher Druck durch drohende Reputationsschäden aufgebaut werden. Sobald eine Kanzlei Opfer eines Angriffs geworden ist, bleibt daher nur ein kurzer Zeitraum, um zu entscheiden, ob dem Druck möglicher Erpresser nachgegeben und geforderte Lösegelder gezahlt werden, oder ob man es darauf ankommen lässt, dass Erpresser mit gewonnenen Datensätzen an die Öffentlichkeit gehen.

Neben all den Szenarien, die Wirtschaftsprüfer, Steuerberater oder ihre Kunden direkt betreffen, kann es jedoch sein, dass die Exfiltration oder Manipulation von Daten nur ein Fragment in einem komplexeren Angriffsszenario darstellt, das ggf. ganz andere Ziele verfolgt, wie z.B.:

- Kursmanipulationen bei Aktiengesellschaften
- Industriespionage durch andere Staaten
- Rufschädigung beim Kunden zugunsten eigener Wettbewerbsvorteile

Ob eine Kanzlei nun unmittelbares Ziel eines Angriffs oder nur ungewollter Mittelsmann für ein komplexeres Szenario ist – in jedem Fall ist es wichtig, sich frühzeitig mit möglichen Szenarien auseinanderzusetzen. Dazu gehört präventiver Schutz ebenso wie ein frühzeitiges Auseinandersetzen mit entsprechenden Maßnahmen, wenn ein Angriff bereits begonnen hat. Den Weg dahin sollen die Kapitel 3 bis 11 ebnen.

2.4 Sensible Daten wandern in die Cloud

Die Produkte großer Softwarehäuser (wie z.B. *DATEV*) werden zunehmend komplexer und müssen in sehr kurzen Zyklen mit Patches und Funktionserweiterungen versorgt werden, sodass sie auf eigenen Serverinfrastrukturen – im Fachjargon *On Premise* – für kleine und mittelständische Unternehmen (KMUs) kaum mehr betreib- und wartbar sind.

Der Fachkräftemangel im Bereich IT und Telekommunikation führt dazu, dass KMU sich kaum qualifiziertes Personal (weder im Angestelltenverhältnis noch per Dienstleistung) einkaufen bzw. halten können.

In der Folge kam es in den vergangenen Jahren zu einer Umstellung auf serviceorientierte Angebote und entsprechenden Architekturen (u.a. auch, um Risiken outzusourcen).

Große Hersteller von Standard-Office-Software geben dabei die Richtung vor (bspw. Microsoft mit seiner *Cloud-First-Strategie* unter Satya Nadella).

Kundenerwartungen, was die Umsetzung neuer Features, aber auch *Patches* und *Updates* angeht, drängen die Hersteller dazu, die Deployment-Zyklen immer kürzer anzusetzen. Man spricht in diesem Zusammenhang auch nicht mehr von Release-Zyklen, sondern bereits von einer *Continuous Delivery*, also einem permanenten Einspielen von Patches und Updates, ohne dass der Nutzer hiervon noch etwas mitbekommt. Breitbandige Anbindungen mit hoher Abdeckung machen ubiquitäres Computing möglich.

Daten müssen aus Kundensicht hochverfügbar sein und Datenverlust wäre das Ende für jeden Dienstleister, dessen Geschäft Informationen oder Geschäftszahlen sind (bspw. Steuerberater und Wirtschaftsprüfer, insgesamt gilt das sogar für die Mehrzahl der Unternehmen im Dienstleistungssektor). Ein Eigenbetrieb von hochverfügbaren Speicherlösungen ist zunehmend nicht mehr wirtschaftlich.

Darüber hinaus sind auch die Erwartungen gestiegen, zu jeder Zeit an jedem Ort weltweit auf Daten zugreifen zu können, in der eigenen Kanzlei, beim Kunden vor Ort, mitunter auch im Urlaub. State-of-the-Art Devices und Services sind wesentliche Attraktivitätsmerkmale, um Nachwuchs zu gewinnen und zu halten.

Sofern es nicht zu Ereignissen kommt, die diesen gegenwärtigen Trend zunehmender *Cloud*nutzung umkehren (z.B. ein erheblicher Vertrauensverlust durch einen Skandal oder noch schärfere Vorgaben der EU zur Nutzerhaftung), ist davon auszugehen, dass die Cloudnutzung in den kommenden Jahren weiterhin deutlich zunehmen wird.

2.5 Crime as a Service

Angriffe werden heutzutage nicht mehr nur durch motivierte Einzeltäter verübt. Auch verfügen in der Regel nur Staaten über die umfassende Expertise, ohne Zukauf von externer Unterstützung gezielte Angriffe auf Unternehmen durchführen zu können.

Eine Möglichkeit, trotzdem Gebrauch von hochspezialisierten Ressourcen zu machen, ist der Einkauf als Dienstleistung. Besonders im Darknet kursieren nahezu für jeden Einsatzzweck entsprechende Angebote. Hierbei werden sowohl Baukastensysteme als auch fertiger, auf die Belange zugeschnittener *Schadcode* zum Kauf angeboten. In den letzten Jahren ist darüber hinaus auch im Umfeld des *Cybercrime* ein Dienstleistungssektor entstanden, sodass man einen gesamten Angriff als Auftrag ausschreiben bzw. einkaufen kann.

Man spricht hier analog zu Cloud Services vom „As a Service"-Ansatz. Nur dass hier nicht *Platform as a Service* oder *Sofware as a Service*, sondern *Crime as a Service* geboten wird.

Die Spielarten sind dabei mannigfaltig und es gibt nahezu kein Szenario, das sich nicht gegen entsprechende Mittel einkaufen lässt. Und für durchschnittliche Szenarien wie einen *Denial-of-Service*-Angriff auf einen unliebsamen Konkurrenten muss Stand 2019 durchschnittlich weniger als ein vierstelliger Betrag in die Hand genommen werden.

Zum Zeitpunkt der Recherche für dieses Buch kostete ein *Distributed-Denial of Service* (dDoS) Angriff, bei dem ein *Botnetz* von 1000 Rechnern gleichzeitig eine gewünschte Zielumgebung mit Anfragen überflutet, 25 US-Dollar pro Stunde[12].

---

[12] https://de.securelist.com/the-cost-of-launching-a-ddos-attack/72496/ (abgerufen am 10.09.2019)

3 Schutz- und Verteidigungskonzepte

Der Aktionismus, der häufig bei der Umsetzung von Maßnahmen um sich greift, bringt nicht immer ein ausgewogenes Verhältnis zwischen Aufwand und Wirkung mit sich. Nachdem nun ein Überblick über die grundlegenden Gefahren und die Verwundbarkeit gegeben wurde, ist es ratsam, sich mit erfolgversprechenden Konzepten zum Schutz und zur Verteidigung gegen Angriffe auseinanderzusetzen.

Einer der wichtigsten Aspekte, der bei der Erarbeitung/Implementierung einer Sicherheitsstrategie berücksichtigt werden muss, ist die Handhabbarkeit. Die Erfahrung zeigt, dass viele Maßnahmen ausschließlich der Compliance (oder rechtlichen Vorgaben, Stichwort „Stand der Technik") wegen umgesetzt werden. Dies geht häufig damit einher, dass beim Auftraggeber weder die Kompetenz zur initialen Konfiguration noch zur Wartung oder Pflege der Maßnahme vorhanden ist. Häufig ist es sogar so, dass so viel Geld für eine technische Maßnahme investiert wurde, dass für die Folgekosten kein Budget übrigblieb.

So kam es in der Vergangenheit nicht selten vor, dass zwar Netzverteidigungsmaßnahmen wie Firewalls, *IDS* und *IPS* umgesetzt wurden, diese jedoch auf „Durchzug" geschaltet wurden, da zum Zeitpunkt der Umsetzung/Überprüfung in der Organisation kein Personal mit ausreichender Kompetenz bereitstand, um eine Bedarfsanalyse und anschließende Konfiguration vorzunehmen.

Das Erschreckende hierbei ist jedoch nicht nur, dass Maßnahmen an sich schlecht bis wirkungslos umgesetzt wurden, sondern dass diese Unternehmen dennoch im Rahmen standardisierter Überprüfungen (wie z.B. Audits im Sinne der *ISO 27001*, Kapitel 4.1) entsprechende technische Maßnahmen vorweisen konnten, weswegen dieser Missstand im Rahmen standardisierter Compliance-Checks nicht auffiel und zum Teil erst erkannt wurde, als es bereits zu spät war. Dazu kommt natürlich, dass viel Geld in den Kauf einer technischen Komponente investiert wurde, die im Betrieb lediglich Strom verbraucht, aber keinerlei Mehrwert gestiftet hat.

> **Praxistipp:**
> Es ist darauf zu achten, dass bei der Umsetzung die eingekauften Maßnahmen (vgl. Kapitel 5) wirkungsvoll eingesetzt werden, anstatt zu versuchen, einen Mangel mit noch mehr u.U. nicht beherrschbaren Maßnahmen abstellen zu wollen. Im Zweifel gilt hier – entgegen dem Credo jeglicher Verkaufsveranstaltungen – weniger ist mehr.

Zu einer geordneten Herangehensweise gehört es, sich zunächst einmal Gedanken über die eigene Organisation und den Wert ihrer Assets zu machen. Zu Assets gehören unter anderem

- eigene Mitarbeiter
- Infrastruktur
- exklusives Wissen (z.B. Rezepturen)
- Kundendaten (aber auch Kundenstämme und ein etabliertes Beziehungsnetzwerk)
- Geschäftsprozesse

Neben physischen Assets gewinnen – gerade im Dienstleistungsbereich – immer mehr virtuelle Assets (im Wesentlichen exklusive Informationen wie besagte Rezeptur oder ein Kundenstamm) an Bedeutung.

Der gemeinsame Nenner aller Schutz- und Verteidigungsmaßnahmen muss daher die Wahrung der Assets im Sinne eines nachhaltigen Geschäftserfolges sein. Daher ist es zunächst wichtig, aus dem richtigen Blickwinkel auf das eigene Unternehmen und dessen Werte zu sehen, daraus strategische Vorgaben in Form einer Leitlinie zu entwickeln und im Anschluss entsprechende Maßnahmen abzuleiten.

3.1 Entwicklung einer Informationssicherheitsleitlinie

Die ganzheitliche Umsetzung von *Informationssicherheit* in einem Schritt ist wenig sinnvoll und überfordert eine Organisation in der Regel. Weiterhin stoßen Schritte, die zur Erhöhung des Sicherheitsniveaus führen, selten auf breite Akzeptanz unter allen Mitarbeitern. Anstelle eines großen Wurfs, der quasi über Nacht Gültigkeit erlangt, ist es sinnvoller, sich eine Roadmap kleinerer Schritte angepasst auf den eigenen *Schutzbedarf* zu erstellen.

Dieser deduktive Ansatz konzentriert sich auf eine übergreifende Strategie, die sich von einer sogenannten *Informationssicherheitsleitlinie* über die

Geschäftsprozesse bis hin zu den Maßnahmen durchzieht. Eine Informationssicherheitsleitlinie trifft Aussagen zu angestrebten Informationssicherheitszielen und zur verfolgten *Sicherheitsstrategie*. Sie umfasst in der Regel nur wenige Seiten und gliedert sich in etwa wie folgt:

- Geltungsbereich (Informationsverbund), z.b.
  - einzelner Standort
  - bestimmte Business Units
  - einzelne Sparten
  - ggf. sogar die gesamte Organisation

- (Qualitative) Sicherheitsziele, z.B.
  - hohe Vertraulichkeit im Umgang mit Daten von Mandanten
  - Erhaltung der in Technik, Informationen, Arbeitsprozesse und Wissen investierten Werte
  - hohe Anforderungen bezüglich der Integrität der Datensätze
  - die eigene Reputation in der Öffentlichkeit wahren
  - besonderer Schwerpunkt auf revisionssicherer Datenhaltung

- Sicherheitsorganisation
  - Verantwortlich ist zuletzt immer die Geschäftsführung.
  - Soll eine Sicherheitsmanagementorganisation etabliert werden?
  - Als fachlich zuständige Person sollte ein Informationssicherheitsbeauftragter benannt werden.

Beim Geltungsbereich wird in der Regel ein sogenannter Informationsverbund angegeben. Dieser umfasst infrastrukturelle, organisatorische, personelle und technische Komponenten.

Die Sicherheitsziele hängen primär vom Geschäftsfeld, dem Geschäftszweck, rechtlichen Rahmenbedingungen und Vorgaben der Geschäftsführung ab und können deutlich voneinander abweichen.

Bei der Entwicklung einer Informationssicherheitsleitlinie empfiehlt das Bundesamt für Sicherheit in der Informationstechnik als Anhalt folgendes Vorgehen[13]:

1. Initiierung des Sicherheitsprozesses
   - Verantwortung muss durch Geschäftsführung erkannt werden

---

[13] BSI-Standard 200-2

- Es ist ein Informationssicherheitsbeauftragter zu etablieren
- Sicherheitsziele festlegen und Informationssicherheitsleitlinie erstellen
- Verinnerlichung der Leitlinie durch alle Mitarbeiter

2. Organisation des Sicherheitsprozesses
   - Aufbau einer Informationssicherheitsorganisation
   - Integration in bestehende Prozesse, z.B. den IT-Betrieb oder die Beschaffung

3. Durchführung des Sicherheitsprozesses
   - Auswahl und Priorisierung umzusetzender Artefakte (Bausteine)
   - IT-Grundschutz-Check
   - Umsetzung der Sicherheitskonzeption

Die Punkte der Sicherheitsleitlinie sollten anschließend im *Informationssicherheitskonzept* geregelt sein.

> **Praxistipp:**
> Bei Änderungen in einer Kanzlei/Firma ist die Überarbeitung des Sicherheitskonzeptes unumgänglich. Darüber hinaus sollte das Konzept alle zwei Jahre einem vollständigen Review unterzogen werden.

Sowohl die Leitlinie als auch das Informationssicherheitskonzept sollten regelmäßig kritisch hinterfragt und überarbeitet und an den aktuellen Bedarf angepasst werden. Dies kann anlassbezogen geschehen. Zusätzlich sollte jedoch im Zwei-Jahres-Rhythmus ein Review durchgeführt werden, da sich einige Änderungen, die Auswirkungen auf das Informationssicherheitskonzept sowie die Informationssicherheitsleitlinie haben, schleichend ergeben und manchmal schlichtweg vergessen werden.

3.1.1 Aller Anfang ist schwer

Zu Beginn stellt sich häufig die Frage, wie man dem Thema Informationssicherheit begegnen soll. Sofern bisher keine koordinierten Maßnahmen getroffen wurden, ergibt es Sinn, sich eine geeignete Herangehensweise zu überlegen. Das Vorgehen hängt dabei wesentlich davon ab, wie die eigenen Geschäftsprozesse aussehen und welche davon ggf. so elementar sind, dass deren Ausfall sich fatal auf das Geschäftsmodell auswirkt. Weiterhin hängt das Vorgehen auch davon ab, welcher *Reifegrad* bezüglich der Informationssicherheit ggf. bereits vorliegt.

3.1.2 Der Schutzbedarf von Informationen

Ihre Daten und Informationen sollten in der Regel

- vertraulich gehandhabt werden (*Vertraulichkeit*).
- vor Manipulation geschützt werden (*Integrität*).
- dann verfügbar sein, wenn Sie darauf zugreifen wollen (*Verfügbarkeit*).

Unter Abwägung dieser drei *Schutzziele* entsteht ein gewisses Spannungsfeld, in dem bei Änderung der Rahmenbedingungen stets neu abgewogen werden muss. Jede Organisation hat gewisse Informationen, die nicht für die Öffentlichkeit bestimmt sind und daher hohe Anforderungen an die Vertraulichkeit haben. Dies reicht von Kundendaten über Geschäftsgeheimnisse bis hin zu Kenntnissen, die den gesamten Geschäftszweck obsolet machen können.

Ggf. sind Informationen in einer Organisation sogar so vertraulich zu halten, dass diese nur einem kleinen Kreis im Unternehmen zugänglich gemacht werden dürfen. Dies schränkt damit jedoch automatisch die Verfügbarkeit der Informationen ein, da sie ggf. nur von bestimmten Endgeräten und ggf. mittels gesonderter Authentifizierung abrufbar sind.

Das Schutzziel der Integrität verfolgt grundlegend das Ziel, dass die Veränderung von Information nur unter den Aspekten von Transparenz und Nachvollziehbarkeit erfolgen soll. Bei einer als sehr vertraulich eingestuften Information, auf die nur wenige oder gar einzelne Personen Zugriff haben, ist dadurch auch das Schutzziel der Integrität eingeschränkt.

Wie zu sehen, ist also ein Einhalten der drei Schutzziele auf gleichmäßig sehr hohem Niveau regelmäßig nicht möglich, sondern es bedarf eher einer sorgfältigen Abwägung.

Das folgende Dreieck in **Abb. 3.1** veranschaulicht dieses Spannungsfeld auf abstrakter Ebene:

Abb. 3.1 Spannungsfeld Informationssicherheit

3.1.3 Der Informationssicherheitsbeauftragte

Wesentliches Element der *Informationssicherheitsorganisation* ist der *Informationssicherheitsbeauftragte* (*ISB*). Der ISB in einer Organisation

- ist Ansprechpartner für alle Aspekte rund um das Thema Informationssicherheit.
- koordiniert die Aufgabe Informationssicherheit.
- identifiziert *Schwachstellen*.
- arbeitet kontinuierlich an der Erhöhung des *Sicherheitsniveaus*.

> **Hinweis:**
> Je nach Größe einer Organisation und Reifegrad[14] in Bezug auf Informationssicherheit treten als Synonyme für den Informationssicherheitsbeauftragten (ISB) auch die Begriffe *Chief Information Security Officer* (*CISO*), *Informationssicherheitsmanager* (*ISM*) und *IT-Sicherheitsbeauftragter* (*IT-SiBe*) auf.

In diesem Ratgeber wird im Folgenden immer der Begriff des Informationssicherheitsbeauftragten (ISB) verwendet, da dieser sowohl in Kanzleien als auch in kleinen und mittelständischen Unternehmen am häufigsten anzutreffen ist.

---

[14] Zum Beispiel im Sinne der ISO-27002-Kontrollziele.

Der Begriff des IT-Sicherheitsbeauftragten wird in der Literatur häufig auch noch verwendet und findet sich in einer Reihe von nicht mehr aktualisierten Quellen. Er zeigt qua nomen schon ganz deutlich, dass sich der Fokus bei der Einführung dieser Rolle zunächst rein auf das Thema Informationstechnik beschränkte. Die Rolle wird inzwischen deutlich umfassender gesehen. Da es letztendlich immer um den Schutz der relevanten Informationen – ungeachtet des „Bleches", das die Informationen umgibt – geht, hat sich inzwischen die Begrifflichkeit Informationssicherheitsbeauftragter durchgesetzt.

Zuständigkeiten des ISB:

— Informationssicherheitsprozess steuern
— Erstellung einer Leitlinie zur Informationssicherheit bzw. umfassende Beratung der Geschäftsführung bei der Erstellung
— Erstellen eines Sicherheitskonzeptes sowie eines Notfallkonzeptes (siehe Kapitel 11.3)
— Sicherheitsrichtlinien und Regelungen mit Bezug zur Informationssicherheit erlassen
— Realisierung von Sicherheitsmaßnahmen anstoßen und überprüfen
— sicherheitsrelevante Projekte koordinieren
— Sicherheitsvorfälle (Security Incidents) untersuchen
— Schulungen und Awareness-Maßnahmen durchführen

Hinweis:
Es ist wichtig, dass der Informationssicherheitsbeauftragte jederzeit einen direkten Berichtsweg zur Leitung hat. Nur so können Vorfälle mit entsprechender zeitlicher Kritikalität im Sinne der Geschäftsführung behandelt werden. Da Security Incidents in der Regel erhebliche Auswirkungen auf die Geschäftsprozesse haben, ist eine frühzeitige und umfassende Information der Entscheidungsebene essenziell.

Der ISB ist bei sämtlichen Planungen, wie z.B. Änderungen in der Infrastruktur, Umzügen sowie Ausbringung neuer Projekte, zu beteiligen.

Darüber hinaus benötigt er einen qualifizierten Vertreter, der auch in Abwesenheits- und Urlaubszeiten eine vollwertige Vertretung wahrnehmen kann.

Sofern diese Rolle noch nicht etabliert ist, können diese Funktion zunächst auch andere Mitarbeiter als Nebenrolle wahrnehmen. Geeignet sind Mitarbeiter aus den Bereichen Finanzen und Controlling bzw. IT-Betrieb oder ggf. der Datenschutzbeauftragte.

Beim Datenschutzbeauftragten ergibt sich trotz ähnlichen Blickwinkels jedoch in einigen Bereichen eine Überschneidung der Interessenslage und damit ein gewisser Zielkonflikt. Auch bei einer Verortung des Informationssicherheitsbeauftragten im IT-Betrieb kann es zu Zielkonflikten kommen. Womöglich müssen Richtlinien durchgesetzt werden, die zu deutlich mehr Aufwand im Betrieb führen. Daher sollte – wenn möglich – auf diese Kombinationen verzichtet werden, sofern die Etablierung eines ISB anders lösbar ist.

> **Praxistipp:**
> Sofern in einer Kanzlei/Firma noch kein ISB benannt wurde und das geeignete Personal hierzu fehlt, kann auch ein externer Dienstleister mit dieser Rolle beauftragt werden. Dieser sollte folgende Qualifikationen mitbringen:
>
> – Mindestens fünfjährige Berufserfahrung
> – *ISO/IEC 27001 Lead Auditor*
> – *Certified Information Systems Auditor* (CISA)

Ein Rückgriff auf Externe ist bei kleinen Organisationen ebenfalls möglich. Dabei ist unbedingt vertraglich zu regeln, wie der externe ISB mit Informationen umzugehen hat, die Rückschlüsse auf die Verwundbarkeit des Auftraggebers zulassen. Trotz allem gilt: Eine Interimslösung mit gewissen Einschränkungen ist hier besser, als gar nicht anzufangen.

3.1.4 Die Wahl der Vorgehensweise

Für den Aufbau eines Informationssicherheitsmanagementsystems (*ISMS*) bietet der neue BSI-Standard 200-2 mehrere Vorgehensweisen, abhängig von der Organisation und den Informationssicherheitszielen (siehe auch Kapitel 4.2.1 und 4.2.2).

3.2 Layered Security und Defense in Depth

Nachdem nun im Kapitel 3.1 eine Leitlinie zur Informationssicherheit erstellt und die notwendigen Folgen für die Absicherung konzeptionell entwickelt wurden, soll dieses Kapitel auf grundlegende Konzepte und Sicherheitsarchitekturen eingehen.

Layered Security und *Defense in Depth* basieren darauf, dass es mehrere Schichten mit jeweils eigenen Sicherheitskontrollen gibt, die an vielen Stellen im System installiert werden. Die dadurch auftretende Redundanz soll dafür sorgen, dass ein Angreifer, der eine Sicherheitskontrolle überwindet, spätestens an der nächsten zum Stehen kommt.

3.2.1 Layered Security und Defense in Depth im schematischen Ansatz

Ein komplexes IT-System so auszubringen, dass keinerlei ausnutzbare *Schwachstellen* offenbleiben, ist utopisch. Hier setzen die Ansätze Layered Security und Defense in Depth an. Diese Begriffe werden häufig synonym genutzt, weswegen wir im Folgenden nur von Layered Security sprechen und zugleich beide Prinzipien miteinander verheiraten. Bildlich lassen sich diese Ansätze am ehesten mit der Aneinanderreihung von mehreren Scheiben Schweizer Käse beschreiben. Trotz der Tatsache, dass eine Käsescheibe nun mal Löcher hat, bietet sich dem Betrachter beim Nebeneinanderlegen in der Regel schon nach 2 bis 3 Scheiben eine undurchsichtige Schicht.

Zurück in der Welt der Technik sieht ein schematischer Ansatz eines Layered-Security-Konzeptes wie folgt aus:

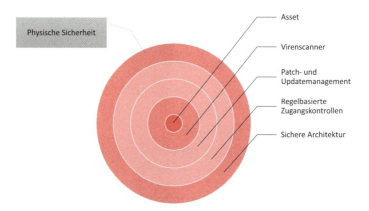

Abb. 3.2 Schematischer Ansatz von Layered Security[15]

---

[15] Vgl. Harris/Maymi, CISSP All-in-one Exam Guide, S. 9

Typische Löcher innerhalb dieser Schichten sind in der Praxis unter anderem:

- nicht mit aktuellen *Schadcode-Definitionen* versorgte *Malware-Erkennung*
- beim Nutzer ansetzende *Schwachstellen* wie *Phishing-Angriffe*
- Schwachstellen, die aufgrund von schlechtem *Patch- und Updatemanagement* entstehen
- nicht durchgesetzte Sicherheitsrichtlinien
- fehlende oder schlecht umgesetzte *Verschlüsselung*
- Mängel in der Umsetzung der Informationssicherheit bei Geschäftspartnern

Wie sich zeigt, setzen einige Löcher nicht bei der Technik, sondern beim Nutzer an. Ein gutes Schutzkonzept im Sinne der Layered Security berücksichtigt daher, neben organisatorischen und technischen Maßnahmen, auch immer den Nutzer.

3.2.2 Typische Sicherheitsmaßnahmen im Layered-Security-Konzept

Es existieren zahlreiche Sicherheitsmaßnahmen, die in Verbindung mit *Layered Security* zur Anwendung kommen. Da diese in den folgenden Kapiteln immer wieder verwendet werden, um beispielhafte Maßnahmen zu beschreiben, anbei ein erster Überblick:

Layer	Wirkungsweise und Einsatz
Anti-Malware Tools	Werden, in der Regel an Arbeitsplatzrechnern, zur signatur- oder *heuristikbasierten* Aufdeckung und Schadlosmachung von Schadcode (Malware) eingesetzt.
Authentisierung und *Passwortsicherheit*	Nachweis der Echtheit des Nutzers durch sein Wissen (Kenntnis des Passwortes).
Überprüfung *biometrischer Faktoren*	Beispiele sind Fingerabdruck- oder Iris-Scanner, die anhand biometrischer Merkmale die Authentifizierung eines Nutzers ermöglichen.
Ausbringung einer DMZ	Das Konzept der DMZ beruht darauf, Dienste in einem Unternehmensnetzwerk aus einem eingeschränkten geschützten Bereich heraus zu erbringen (siehe auch Kapitel 3.3).
Datenzentrierte Security	Der Ansatz sorgt dafür, dass Information selbst per se immer verschlüsselt ist. In der Regel wird der Zugriff auch noch regelbasiert verteilt, um z.B. die Weiterverarbeitungsmöglichkeiten zu begrenzen. Gerade in Bezug auf Datenschutz ist dies eine sehr elementare Maßnahme.
Firewalls	Paketfilter, die regelbasiert Datenverkehr passieren lassen oder sperren.

Layer	Wirkungsweise und Einsatz
Intrusion-Detection-Systeme (IDS)	Angriffserkennungssysteme von Gefahren, die gegen ein Computersystem oder Rechnernetz gerichtet sind. In der Regel zur Ergänzung einer Firewall, teils aber auch separat.
Logging und *Auditing*	Logging protokolliert jede Aktion, die ein Mensch oder auch ein System selbst vornimmt. Die Protokolle sind dabei jeweils mit Löschfristen revisionssicher gespeichert. Regelmäßig sowie anlassbezogen finden Audits statt, um Auffälligkeiten zurückzuverfolgen.
Multi-Faktor-Authentifizierung	Authentifizierung mit mehreren Faktoren, in der Regel eine Kombination aus Besitz und Wissen (siehe auch Kapitel 3.2.5).
Schwachstellenscanner	Automatisiertes Werkzeug, das das Netzwerk (regelmäßig) nach bekannten Schwachstellen absucht.
Time Access Control	Mechanismus, der Zugriffe nur innerhalb gewisser Zeitfenster erlaubt. Bei Unternehmen, die ausschließlich in einer Zeitzone Niederlassungen haben, kann dadurch ein Login zu unüblichen Zeiten verwehrt werden.
Nutzung von *VPN*	Nutzung eines (passwort- oder zertifikatsbasieren) Tunnels zum Verbinden mit einem Netzwerk von außen.
Sandboxing	Einsatz zu testender Software in einer abgetrennten Umgebung, die keinen Zugriff auf die Systemumgebung hat. Wird in modernen Umgebungen (z.B. mobile Betriebssysteme) jedoch mehr und mehr zum Standard.
Intrusion-Prevention-Systeme (IPS)	Können über die reine *IDS*-Funktionalität hinaus noch Funktionen zur Abwehr eines Angriffs bereitstellen.

Tab. 3.1 Beispiele Sicherheitsmaßnahmen Layered Security

Abb. 3.3 zeigt ein Praxisbeispiel für die Ausbringung des Layered-Security-Ansatzes. Hierbei sind auf der linken Seite Kategorien für Maßnahmen ausgebracht, auf der rechten Seite konkrete Maßnahmen formuliert.

Abb. 3.3 Praxisbeispiel Layered Security

3.2.3 Von der Schwachstelle bis zur Ausnutzung

Vulnerability (Schwachstelle)

Früher Bugs genannt, wird inzwischen jeder Fehler in einer Software als Schwachstelle bezeichnet, da er sich potenziell dazu ausnutzen lässt, Schaden anzurichten.

Exploit

Ein Exploit ist die systematische Ausnutzung einer oder mehrerer Schwachstellen in einem Programmcode mit dem Ziel, sich über die Lücken und Fehlfunktionen Zugang zu Ressourcen zu verschaffen, in Computersysteme einzudringen bzw. diese zu beeinträchtigen.

3.2.4 Consumer vs. Enterprise Layered Security Strategy

Je nach Anwendungsumfeld kommen bei der Wahl von Maßnahmen verschiedene Layer zum Einsatz. Unterschieden wird hierbei zwischen Consumer und Enterprise Layered Security Strategy.

Consumer Layered Security Strategy:

- SSL-Zertifikate für erweiterte Validierung (Multifaktor)
- Multifaktor-Authentifizierung

- *Single Sign-on* (SSO)
- Fraud Detection und risikobasierte Authentifikation
- Signierung und Verschlüsselung von Transaktionen
- sicheres Web und sichere Mail
- öffentlich verfügbare Bedrohungsdatenbanken

Enterprise Layered Security Strategy:

- explizites Zulassen von Applikationen auf Clients (*Whitelisting*)
- Lösung zum Re-Initialisieren von Arbeitsplatz-Rechnern
- Authentifizierung am Arbeitsplatz und im Netzwerk
- Festplatten-/Datenträgerverschlüsselung
- Netzlaufwerkverschlüsselung
- Authentifizierung von Remotezugriffen
- Sichere Übergänge und Ende-zu-Ende-Nachrichtentausch
- Inhaltskontrolle und Verschlüsselung auf Basis von Policies
- Multifaktor-Authenitifierung (MFA)

3.2.5 Realisierung von Multifaktor-Authentifizierung

Nach Jahren immer gleicher Probleme der *Singlefaktor-Authentifizierung* mit Nutzernamen und einem dazugehörigen Passwort setzt sich inzwischen die Multifaktor-Authentifizierung durch. Dies liegt insbesondere daran, dass in *Cloud*-Verbünden heutzutage Rechenleistungen aufgebracht werden, die auch komplexe Passwörter in absehbarer Zeit mittels Ausprobierens (*Brute Force*) knacken können.

Das Verwenden immer längerer und komplexerer Passwörter überfrachtet Nutzer zusehends und führt im schlimmsten Fall dazu, dass Passwörter schlicht unter die Tastatur geklebt werden. Hier setzt die Multifaktor-Authentifizierung (MFA) an.

Dabei handelt es sich um ein Authentifizierungsverfahren, das zwei oder mehr Berechtigungsnachweise (Faktoren) kombiniert. Mit MFA lassen sich Anmeldeverfahren absichern und Transaktionen verifizieren. Der Identitätsdiebstahl ist gegenüber Authentifizierungsverfahren, die nur ein Merkmal verwenden, wie die Anmeldung mit Userkennung und Passwort, deutlich erschwert.

In der Regel werden zwei Merkmale wie Wissen und Besitz kombiniert, was sowohl das alleinige Ausspähen von Informationen als auch den Diebstahl allein sinnlos macht.

Beispiele hierfür sind:

- Hardware-Token
- Biometrische Merkmale
- xTAN-Verfahren (z.B. mTAN)

3.2.6 Beseitigung des Weakest Link

Bei allen etablierten Maßnahmen ist immer davon auszugehen, dass es einen sog. Weakest Link gibt, also einen Zugriff auf ein System, der etablierte Maßnahmen unberücksichtigt lässt, weil jemand einen Weg daran vorbei gefunden hat.

> **Beispiel**
>
> Ein typisches Beispiel ist die „Facebook account takeover vulnerability"[16], die inzwischen den Status *fixed* erreicht hat, also behoben ist. Facebook schickt Nutzern, die ihr Passwort zurücksetzen wollen, in der Regel ein Einmalpasswort per E-Mail oder SMS, das sechs Ziffern enthält. Für die Eingabe werden nur wenige Versuche zugelassen (sog. Rate-Limiting). Während die Hauptadresse (www.facebook.com) dies strikt eingefordert hat, tat dies bis zur Behebung der Lücke der Beta-Auftritt (beta.facebook.com) nicht. Dort wurden, trotz vollen Zugriffs auf echte Datensätze aller Nutzer, endlos viele Versuche zugelassen. Dies führte dazu, dass jeder Angreifer für die Übernahme eines Accounts weniger als 1 Million Versuche brauchte, was in heutigen Zeiten ausgesprochen wenig ist.

Dieses Beispiel zeigt, dass die bestbewachten Tore nichts bringen, wenn der Nebeneingang sprichwörtlich offensteht.

Leider ist das Ganze kein Einzelfall. Während normale Arbeitsplatzcomputer selbst für den Privatgebrauch heutzutage standardmäßig sehr gut abgesichert sind, werden direkt daneben Heimautomatisierungsgeräte mit dem

---

[16] Beispielhaft unter https://vimeo.com/158452537 dargestellt (abgerufen am 13.09.2019)

gleichen Netzwerk verbunden, die mit Standardpasswörtern des Herstellers oder ganz ohne Passwortschutz konfiguriert sind.

Im geschäftlichen Umfeld sieht es ähnlich aus. Gebäudeautomatisierung wird erst nach und nach im Rahmen der Bausteine zur Industriekontrollsteuerung (ICS) überhaupt der Informationstechnologie zugeordnet. Und während Server und Arbeitsplatzendgeräte automatisiert mit *Patch- und Updatemanagement* versorgt werden, stehen direkt daneben Netzwerkdrucker mit eigenem Betriebssystem, das seit Auslieferung kein Update mehr gesehen hat.

Die Suche nach dem Weakest Link ist daher eines der wichtigsten Konzepte bei der Aufstellung resilienter IT-Infrastruktur.

3.2.7 Das Prinzip des Least Privilege

Nutzer sollten nur auf Anwendungen und Ressourcen zugreifen können, die für ihre Arbeit unbedingt vonnöten sind.

Ggf. kann der Zugriff sogar noch nach Standort oder Tageszeit eingeschränkt werden. Damit lassen sich gerade nächtliche oder aus einem anderen Rechtsraum heraus durchgeführte Versuche in ein System eindringen verhindern.

Das Prinzip kann sowohl für Standard-Nutzer, die sich für ihre Arbeit z.B. mit einem VPN verbinden, aber auch für Administratoren bei der Systembetreuung und Wartung gelten.

> **Hinweis:**
> Grundsätzlich sollten Administratoren niemals mit ihrer Administratorenkennung im Rahmen ihrer täglichen Arbeit angemeldet sein. Diese Kennungen sollten nur dort eingesetzt werden, wo sie im Rahmen administrativer Tätigkeiten wirklich gebraucht werden.

3.2.8 Integration vs. Best of Breed

Bei der Wahl der möglichen Produkte steht der Käufer häufig vor der Herstellerwahl. Dabei konkurrieren zwei grundlegende Philosophien miteinander:

- Best of Breed (Auswahl des jeweiligen Marktführers)
- Integration (Auswahl der Lösung, die sich am besten in die vorhandene Systemlandschaft integriert)

Beide Ansätze haben dabei ihr Für und Wider.

Die Argumentation bezüglich des integrativen Ansatzes ist, dass sich die vertikale Integration der Systeme erhöht und die damit einhergehende Interoperabilität zwischen den Produkten. Hinsichtlich Effizienz und Effektivität also ein sehr guter Ansatz. Weiterhin können Lücken entstehen, wenn Sicherheitsprodukte nicht ineinandergreifen.

Die Argumentation zugunsten Best of Breed lautet, dass Hersteller nicht in allen Bereichen gleich intensiv investiert und damit Marktführer sind. Daher werden ggf. schlechtere Komponenten um der Integration willen gekauft. Eine Monopolisierung der IT-Landschaft schafft IT-Monokulturen, die ggf. anfällig für Bedrohungen sein können.

Zwischen diesen beiden Ansätzen sollte mit Blick auf die eigenen Anforderungen und Rahmenbedingungen sauber abgewogen werden.

3.2.9 Kategorisierung der Sicherheitsmaßnahmen

Um Sicherheitsmaßnahmen besser verstehen, bewerten und einsetzen zu können, müssen verschiedene Kategorisierungen vorgenommen werden. Eine Möglichkeit ist die Kategorisierung von Maßnahmen nach Funktionalität. Dabei wird gem. CISSP[17] nach sechs Funktionalitäten unterschieden:

Funktionalität	Beschreibung
Präventiv	Verhindert, dass überhaupt ein Schadensereignis eintritt
Detektiv	Hilft bei der Identifizierung der Aktivitäten eines potenziellen Eindringlings
Korrigierend	Repariert Komponenten oder Systeme nach einem Sicherheitsereignis
Abschreckend	Soll einen potenziellen Angreifer davon überzeugen, von seinem Angriff abzulassen
Wiederherstellend	Soll die Umgebung wieder in den ursprünglichen Betriebszustand zurückführen
Redundant/ausgleichend	Stellt eine Alternative dar, sobald ein Teil wegen eines Schadensvorfalls ausgefallen ist

Tab. 3.2 Funktionalitäten von Schutzmaßnahmen

Eine Maßnahme wird dabei in der Regel nur einer – nämlich der primären – Funktionalität zugeordnet, auch wenn sie in der Regel mehrere Funk-

---

[17] Vgl. Harris/Maymi, CISSP All-in-One Exam Guide, S. 10

tionalitäten erfüllt. Eine Firewall ist z.B. präventiv, gleichzeitig erfüllt sie aber auch einen Abschreckungszweck. Da ihr primäres Ziel Prävention ist, würde man sie dort einordnen.

3.3 DMZ/Architekturen

Auch wenn heutige IT-Konzepte, die Cloud-Dienste berücksichtigen, keine strenge Trennung zwischen Firmennetzen (*Intranet*) und dem externen Internet vornehmen, hat das Prinzip Demilitarisierte Zone (DMZ) weiterhin Gültigkeit.

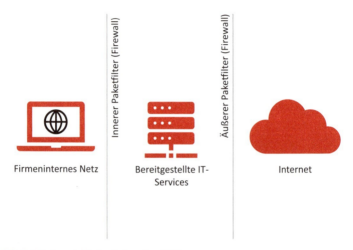

Abb. 3.4 Basisansatz für den Aufbau einer DMZ

Abb. 3.4 zeigt sehr stark vereinfacht das Prinzip einer DMZ. Dabei kommen zwei Paketfilter (*Firewalls*, siehe Kapitel 5.1) zum Einsatz, einer gegenüber dem Internet und einer gegenüber dem eigenen Firmennetz. Dazwischen herrscht eine Demilitarisierte Zone (DMZ), in der sehr strikte Vorgaben bezüglich des erlaubten Datenverkehrs gelten.

Ziel ist, dass IT-Services, die innerhalb einer Organisation oder nach außen erbracht werden, in einem geschützten Raum stehen. Bei einem Befall einzelner Clients im Firmennetz wird so verhindert, dass der Schadcode zentrale Rechenzentrumsinfrastruktur befällt, z.B.:

– Anmelde- und Verzeichnisdienste (Active Directory)

- Serverbetriebssysteme
- Virtualisierungsumgebungen
- Managementkomponenten für das Unternehmensnetzwerk
- Voice-over-IP Callmanager

Dieses sehr einfache Prinzip in der Praxis sicher und gut umzusetzen, erfordert jedoch erhebliche Planungen und hohen Aufwand bei der Konfiguration der einzelnen Komponenten. Zudem ist der Betrieb von zwei Firewalls (die idealerweise von zwei verschiedenen Herstellern stammen) in der Praxis nur für größere Betriebe handhabbar.

4 Standards, Leitlinien und Qualifikationen

Über die Jahre haben sich einige internationale und auch nationale Standards fest etabliert. Einige davon dienen dazu, Prozesse in Organisationen zur standardisieren, andere legen Mindestanforderungen an Personal fest, das Maßnahmen auditieren und bewerten darf. Dadurch, dass regelmäßig neue Anforderungen aufkommen (in den vergangenen Jahren bspw. durch die Themenfelder Cloud, Internet of Things, aber auch rechtliche Anforderungen wie die EU-DSGVO und eine damit einhergehende staatenübergreifende Standardisierung), werden die meisten von ihnen regelmäßig überarbeitet, ergänzt oder gehen in neuen Standards auf. Dieses Kapitel soll einen groben Überblick über gängige Standards und Zertifizierungen mit Organisations-, aber auch mit Personenbezug geben.

4.1 ISO 27000/27001

Die ISO/IEC 2700x-Reihe ist eine Sammlung internationaler Standards, die sowohl die Herangehensweise als auch die Struktur beim Aufbau eines *Information Security Management System* (ISMS) regeln. Der Aufbau eines ISMS ist dabei primär Managementaufgabe. Die ISO/IEC 2700x-Reihe gliedert sich wie folgt:

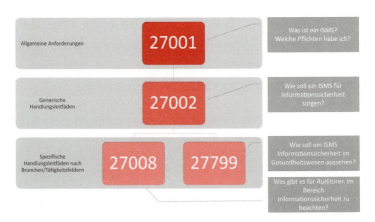

Abb. 4.1 Grundsätzlicher Aufbau der ISO 2700x-Reihe

Die erste Revision erschien im Jahr 2005. Da sich regelmäßig Anpassungsbedarf ergibt, wurden die Standards mehrfach überarbeitet. Die bei der

Herausgabe dieses Buches gültige Fassung stammt aus dem Jahr 2017, wurde auch ins Deutsche übersetzt und unter dem Namen DIN EN ISO/IEC 27001:2017 veröffentlicht.

Die ISO/IEC-Reihe 2700x enthält Anforderungen zur Implementierung und zum Betrieb eines ISMS. Daneben beschäftigt sich die Norm mit der Analyse und Behandlung von Informationssicherheitsrisiken. Dabei wird ein ganzheitlicher Ansatz über alle Ebenen verfolgt. Wie in **Abb. 4.1** dargestellt, lassen sich die enthaltenen Normen grundsätzlich drei Ebenen zuordnen:

1. Allgemeine Anforderungen an ein ISMS
2. Generische Handlungsleitfäden zur Umsetzung eines ISMS
3. Empfehlungen spezifisch für bestimmte Branchen/Tätigkeitsfelder

Die Grundannahme beruht darauf, dass eine Organisation (das kann eine Kanzlei, ein beliebiges Unternehmen oder auch eine Behörde sein) sich kontinuierlich um die Optimierung der eigenen Prozesse die Informationssicherheit betreffend bemüht. In regelmäßigen Management Reviews ist die Führungsetage der Organisation über identifizierte Risiken zu unterrichten.

Folgende Normen aus der Reihe sind für Sie ggf. besonders relevant:

Standard	Themenbereich
ISO/IEC 27000	Überblick und Begrifflichkeiten
ISO/IEC 27001	Anforderungen an ein ISMS
ISO/IEC 27002	Praxisleitfaden für Informationssicherheitsmanagement
ISO/IEC 27003	Implementierung eines ISMS
ISO/IEC 27005	Risikomanagement
ISO/IEC 27006	Anforderungen an eine Zertifizierungsstelle
ISO/IEC 27007	Auditing eines ISMS
ISO/IEC 27008	Leitfaden für Auditoren
ISO/IEC 27015	Finanzsektor
ISO/IEC 27017	Handlungsleitfaden für Cloudsicherheit
ISO/IEC 27033	Netzwerksicherheit
ISO/IEC 27034	Anwendungssicherheit
ISO/IEC 27037	Digitale Beweissammlung und Aufbewahrung
ISO/IEC 27799	Gesundheitsorganisationen

Tab. 4.1 ISO 2700x-Familie

Bei der gesamten ISO 2700x-Familie handelt es sich um einen Organisationsstandard, der primär einen ganzheitlichen Security-Ansatz mit dem Fokus auf Unternehmensprozesse darstellt. Das heißt, im Fall einer Zertifizierung würde hier auch die Organisation zertifiziert.

Die International Organization for Standardization (ISO) selbst führt keine Zertifizierung durch. Es gibt für eine Organisation drei Möglichkeiten, ihre Konformität mit der ISO 2700x-Reihe zu publizieren:

- Einhaltung der Standards selbst verkünden
- Kunden bitten, die Einhaltung zu bestätigen
- sich durch einen externen Auditor die Einhaltung bestätigen lassen

Da für die Konformität nach ISO 2700x keine zwingend externe Prüfung vorgesehen ist, gehen Unternehmen auch verschieden damit um. Allgemein sollte der primäre Fokus im eigenen Interesse darauf liegen, sich an diese Prozesse zu halten. Bei einem potenziellen Auftragnehmer sollte jedoch darauf bestanden werden, dass dieser auch extern zertifiziert ist. Da diese Vorgehensweise mehr und mehr gängige Praxis wird, ist es in den letzten Jahren für Unternehmen immer üblicher geworden, sich auch extern zertifizieren zu lassen.

> **Praxistipp:**
> Die Zertifizierung wird von diversen Unternehmen angeboten, unter anderem sei der TÜV genannt. Es gibt die Möglichkeit der direkten Zertifizierung oder einer Zertifizierung auf Basis des IT-Grundschutzes.

Der Nutzen einer Zertifizierung liegt ggf. darin, Prozesskosten, Versicherungsbeiträge, Geschäfts- und Haftungsrisiken zu senken. Ggf. besteht in einer Zertifizierung auch ein Wettbewerbsvorteil, da die Zertifizierung Vertrauen in der Öffentlichkeit und bei Geschäftspartnern schafft.

4.2 IT-Grundschutz nach BSI mit Erweiterung KRITIS

Der Grundschutz des Bundesamtes für Sicherheit in der Informationstechnik (BSI) enthält Empfehlungen zu Methoden, Prozessen und Verfahren für eine breite Palette von Aspekten der Informationssicherheit. Wesentliches Ziel ist, ähnlich wie bei den Standards der ISO/IEC-2700x-Familie, der Aufbau eines Information-Security-Management-Systems (ISMS).

> **Hinweis:**
> Das Bundesamt für Sicherheit in der Informationstechnik (BSI) ist eine Bundesbehörde des deutschen Innenministeriums. Sie hat neben dem Schutz der IT-Systeme des Bundes, der Cyberabwehr und der Prüfung und Zertifizierung von IT-Produkten und Dienstleistungen den Auftrag, IT-Sicherheitsstandards zu entwickeln. Auf der Webseite des BSI[18] werden umfangreiche Standards und Empfehlungen, aber auch kleinere Tools und Hilfsmittel veröffentlicht. Für Endanwender, aber auch für Interessierte mit weniger ausgeprägter technischer Affinität empfiehlt sich ein Besuch der Seite „BSI für Bürger"[19].

Im Oktober 2017 hat die neue 200er-Reihe die erste Reihe (100er) fast vollständig abgelöst. Damit wurde der alte IT-Grundschutz umfangreich novelliert. Darin enthalten sind vier Standards, wobei einer zum Zeitpunkt der Erstellung dieses Buches noch im Entwurf vorliegt.

Standard	Wesentlicher Inhalt	Weitere Aspekte
BSI 200-1	Allgemeine Anforderungen an ein ISMS	Kompatibel zu ISO 27001 Berücksichtigt Empfehlungen, z.B. ISO 27002
BSI 200-2	Aufbau eines soliden ISMS	Etablierung von Vorgehensweisen bei der Umsetzung des IT-Grundschutz
BSI 200-3	Aufbau der Fähigkeit zur Risikoanalyse	Bündelung aller risikobezogenen Arbeitsschritte
BSI 200-4	Business Continuity Management (BCM)	Liegt zum Zeitpunkt der Erstellung dieses Buches nur als Draft vor und soll künftig ein BCMS konform zur ISO 22301 beschreiben[20]

Tab. 4.2 Standards BSI 200-1 bis 200-4

Im Gegensatz zur letzten umfassenden Überarbeitung aus dem Jahr 2005 liegt in der Neufassung von 2017 ein deutlich stärkerer Fokus auf dem Thema Geschäftsprozesse. Zwar können Organisationen ihre ISMS seit dem Stichtag 30.09.2018 nicht mehr nach dem Grundschutz von 2005 zertifizieren lassen, jedoch kann der alte IT-Grundschutz-Katalog mit der 15. Ergänzungslieferung noch bis zum 30.09.2021 verwendet werden. Es ist

---

[18] https://bsi.bund.de (abgerufen am 01.09.2019)
[19] https://bsi-fuer-buerger.de (abgerufen am 01.09.2019)
[20] https://www.bsi.bund.de/SharedDocs/Downloads/DE/BSI/Grundschutz/BCM/BCM_20190726_Infomail.pdf (abgerufen am 12.09.2019)

also nicht unwahrscheinlich, dass ein Teil der Organisationen diese Frist ausreizen wird.

Bis zum Ende des Jahres 2014 hat das BSI zur strukturierten Erfassung ein eigenes Grundschutz-Tool angeboten. Falls Sie selbst nach einer Lösung zur strukturierten Erfassung suchen, werden Sie bei kommerziellen Anbietern fündig.

> **Praxistipp:**
> Das BSI veröffentlich auf seiner Webseite zum IT-Grundschutz[21] eine Liste von Tools kommerzieller Hersteller, die die Erfassung automatisieren und dabei auf den Grundschutz-Katalog des BSI zurückgreifen.

4.2.1 IT-Grundschutz nach BSI 100 (2005)

Der IT-Grundschutz aus dem Jahr 2005 basierte grundlegend auf folgenden vier Dokumenten:

– BSI-Standard 100-1 (Management-Systeme für Informationssicherheit)
– BSI-Standard 100-2 (IT-Grundschutz-Vorgehensweise)
– BSI-Standard 100-3 (Risikoanalyse auf der Basis von IT-Grundschutz)
– IT-Grundschutz-Katalog mit den Ergänzungslieferungen

Dabei waren die BSI-Standards 100-1, 100-2 und 100-3 Rahmenwerke, die das Vorgehen im Sinne grundlegender Überlegungen und eines Handlungsleitfadens beschrieben. Der IT-Grundschutz-Katalog wurde über sogenannte Ergänzungslieferungen regelmäßig auf den neuesten Stand gebracht. Die Ergänzungslieferungen enthielten dabei jeweils neue Bausteine (z.B. zum Cloud Computing). Die letzte und aktuellste Ergänzungslieferung trägt die Nummer 15.

Das Vorgehensmodell des alten IT-Grundschutzes bildete unabhängig vom Bedarf einer Organisation folgende sechs Phasen ab (siehe **Abb. 4.2**):

– Strukturanalyse
– Schutzbedarfsfeststellung
– Modellierung

---

[21] https://www.bsi.bund.de/DE/Themen/ITGrundschutz/GSTOOL/AndereTools/anderetools_node.html (abgerufen am 12.09.2019)

- Basis-Sicherheitscheck
- Ergänzende Sicherheitsanalyse
- Risikoanalyse

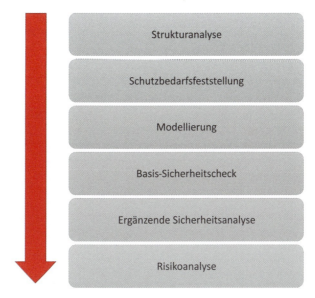

Abb. 4.2 IT-Grundschutz nach BSI 100-2 (bis 2017)

4.2.2 IT-Grundschutz nach BSI 200 (2017)

Der sogenannte modernisierte Grundschutz aus dem Jahr 2017 basiert auf folgenden Dokumenten:

- BSI-Standard 200-1 (Managementsysteme für Informationssicherheit)
- BSI-Standard 200-2 (IT-Grundschutz-Methodik)
- BSI-Standard 200-3 (Risikoanalyse auf der Basis von IT-Grundschutz)
- IT-Grundschutz-Kompendium

Eine der wesentlichen Neuerungen ist, dass es nun drei unterschiedliche Vorgehensweisen gibt:

- Basis-Absicherung
- Standard-Absicherung
- Kern-Absicherung

Die Basis-Absicherung stellt hierbei quasi ein Einstiegsmodell für Unternehmen dar, die sich dem Thema Informationssicherheit zum ersten Mal strukturiert widmen wollen.

Die Standard-Absicherung eignet sich für Unternehmen, die sich bisher nach altem IT-Grundschutz aufgestellt haben und dies in den neuen IT-Grundschutz überführen möchten.

Die Kern-Absicherung eignet sich für besonders schutzbedürftige Informationen und Geschäftsprozesse.

> **Praxistipp:**
> Das BSI hat für diejenigen Unternehmen, die sich nach dem IT-Grundschutz gemäß BSI 100 aufgestellt haben und auf den neuen Standard wechseln wollen, eine „Anleitung zur Migration von Sicherheitskonzepten" herausgegeben. Diese stellt u.a. auch Migrationstabellen bereit, die – soweit möglich – Anforderungen des alten IT-Grundschutz-Kataloges auf die des neuen IT-Grundschutz-Kompendiums abbilden.

Zusätzlich zu den oben genannten vier Dokumenten des modernisierten IT-Grundschutzes hat das BSI einen sogenannten „Leitfaden zur Basisabsicherung nach IT-Grundschutz" herausgebracht, der sich als eine Art Einstiegsleitfaden speziell an kleine und mittelständische Unternehmen (KMUs) richtet.

> **Praxistipp:**
> Das BSI hat zusätzlich zu den Standards einen „Leitfaden zur Basisabsicherung nach IT-Grundschutz" herausgegeben. Der Fokus liegt auf Maßnahmen, die
>
> – schnell,
> – mit geringen finanziellen Mitteln und
> – mit wenigen Mitarbeitern
>
> umsetzbar sind. Er führt alle wichtigen Maßnahmen zusammen, die für die Basisabsicherung von KMUs relevant sind.

Neben dem deutlich stärkeren Fokus auf die Geschäftsprozesse fließt mit dem Standard aus 2017 nun auch folgende Informationstechnik in die Betrachtung mit ein:

- Industrielle Steuerungssysteme (ICS)
- Internet of Things (*IoT*)
- Relevante Dienstleister, z.B.
  - Gebäudedienstleister, sofern Steuerungssysteme vorhanden
  - Mobility-Dienstleister, sofern Prozesse Mobilitätsdienste vorsehen
  - Cloud-Dienstleister

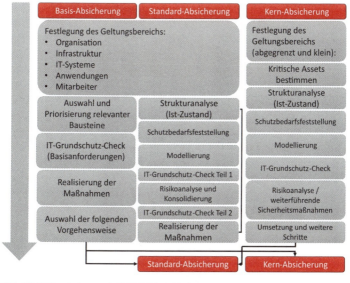

Abb. 4.3 IT-Grundschutz nach BSI 200-2 (seit 2017)

Bei der Modellierung gibt es zum einen prozessorientierte Bausteine:

Bausteinschicht	Bedeutung
ISMS	Managementsysteme für Informationssicherheit
ORP	Organisation und Personal
CON	Konzepte und Vorgehensweisen
OPS	Betrieb
DER	Detektion und Reaktion

Weiterhin gibt es folgende systemorientierte Bausteine:

Bausteinschicht	Bedeutung
APP	Anwendungen
SYS	IT-Systeme
IND	Industrielle IT
NET	Netze und Kommunikation
INF	Infrastruktur

Der Aufbau eines ISMS nach BSI-Grundschutz-Kompendium:

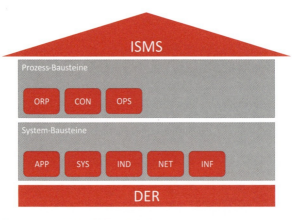

Abb. 4.4 Schichtenmodell des BSI-Grundschutzes

Praxistipp:
Ihre Grundkomponenten wie *Firewalls*, Betriebssysteme und Standardanwendungen (z B. MS Office) sind aufgrund langjähriger Erfahrungen und umfangreicher Tests in der Regel deutlich weniger anfällig für *Schwachstellen* als Ihre Spezialanwendungen (z.B. Buchhaltungssoftware). Achten Sie daher darauf, dass Sie besonders diese Applikationen im Sinne einer Layered Security so schützen, dass der Angreifer ggf. erst gar nicht bis zur Applikation gelangt.

4.2.3 BSI-KRITIS-Verordnung

Besonderen Schutz genießen Kritische Infrastrukturen (KRITIS[22]) in Deutschland.

Kritische Infrastrukturen (KRITIS[23])

Kritische Infrastrukturen sind Organisationen oder Einrichtungen mit wichtiger Bedeutung für das staatliche Gemeinwesen, bei deren Ausfall oder Beeinträchtigung nachhaltig wirkende Versorgungsengpässe, erhebliche Störungen der öffentlichen Sicherheit oder andere dramatische Folgen eintreten würden.

In Deutschland zählen Organisationen und Einrichtungen aus den Bereichen Energieversorgung, Informationstechnik und Telekommunikation, Transport und Verkehr, Gesundheit, Wasser, Ernährung, Finanz- und Versicherungswesen, Staat und Verwaltung sowie Medien und Kultur zu den kritischen Infrastrukturen.

Mit Wirkung zum 22.04.2016 trat die erste „Verordnung zur Bestimmung Kritischer Infrastrukturen" (*BSI-KritisV*) in Kraft. Sie betraf Unternehmen in den folgenden Sektoren:

- Energie
- Informationstechnik und Kommunikation
- Wasser
- Ernährung

Diese wurden anschließend um folgende Sektoren (sog. Korb II) ergänzt:

- Gesundheit
- Finanz- und Versicherungswesen
- Transport und Verkehr

Als weitere Betreiber kritischer Infrastrukturen, die jedoch nicht Teil der KritisV sind, gelten:

- Medien und Kultur
- Staat und Verwaltung

---

[22] BSI-KritisV, Novellierung vom 25. Juli 2015
[23] https://www.kritis.bund.de (abgerufen am 01.09.2019)

Betreiber kritischer Infrastrukturen haben gem. KritisV besonders strenge Meldepflichten im Bereich der Informationssicherheit für Anlagen, die gewisse Größenschwellwerte überschreiten. Dies sind unter anderem:

- §10(1) Nr. 1 BSIG (Vorgaben zur Methodik bei der Bewertung einer Infrastruktur)
- Prüfung nach §8a BSIG

Diese Forderungen beinhalten regelmäßig standardisierte Bewertungen nach ISO27001 und IT-Grundschutz, gehen jedoch in Teilen darüber hinaus.

Daneben existieren freiwillige öffentlich-private Zusammenschlüsse der Betreiber kritischer Infrastrukturen, wie z.B. UP KRITIS. Ansatz der Unternehmenspartnerschaft KRITIS (UP KRITIS) ist es, den Schutz kritischer Infrastrukturen umfassend zu überdenken und physischen Schutz (*Safety*) mit Informationssicherheit (*Security*) in Einklang zu bringen.

Im Einzelnen verfolgt die UP KRITIS dabei folgende Ziele[24]:

- Förderung der Robustheit kritischer Prozesse mit Fokus auf ITK-Anteile
- Austausch über aktuelle Vorkommnisse
- Gemeinsame Einschätzung und Bewertung von Risiken und der Cyber-Sicherheitslage
- Erarbeitung gemeinsamer Dokumente und Positionen
- Auf- und Ausbau von Krisenmanagementstrukturen
- Koordinierte Krisenreaktion und -bewältigung
- Durchführung von Notfall- und Krisenübungen

4.3 BSI-C5-Testat

Speziell zum Thema Cloud Computing mangelt es nicht an Sicherheitsempfehlungen, Standards und möglichen Zertifizierungen in Bezug auf Informationssicherheit (siehe ISO/IEC 27017 Cloudsicherheit, ISO/IEC 27032 Cybersicherheit, BSI 200-2, ...). Die etablierten Standards weisen trotz unterschiedlicher Blickwinkel auf das Thema Cloudsicherheit sogar eine hohe inhaltliche Übereinstimmung auf.

---

[24] https://www.kritis.bund.de/SharedDocs/Downloads/Kritis/DE/UP_KRITIS_Flyer.pdf (abgerufen am 12.09.2019)

Ein allgemein anerkannter Anforderungskatalog für Sicherheit im Cloud Computing existierte bis vor einiger Zeit jedoch für den deutschen Rechtsraum nicht. Zertifizierungen auf Basis der gängigen Standards standen häufig nur nebeneinander und referenzierten zum Teil untereinander, ein ganzheitliches Dokument existierte jedoch nicht. Das führte dazu, dass etliche Anbieter, aber auch Nutzer von Cloud-Diensten versuchten, die Compliance mit allen Standards und hohem Aufwand gleichzeitig aufrechtzuerhalten. Für Kunden war es damit oft sehr schwer zu beurteilen, ob ein Cloud-Dienst das hohe Sicherheitsniveau speziell in Deutschland erfüllt.

Mit der Veröffentlichung des Anforderungskatalogs „Cloud Computing Compliance Control Catalogue" (C5) zur Beurteilung der Informationssicherheit von Cloud-Diensten stellt das BSI seit dem Jahr 2017 einen Basisanforderungskatalog für Cloudsicherheit bereit. Inzwischen streben auch die ersten am deutschen Markt tätigen internationalen Cloudanbieter diese Zertifizierung an (Beispiel Amazon mit der Amazon Web Services Cloud, AWS).

Der Anforderungskatalog C5 ist in insgesamt 17 thematische Bereiche (z.B. Organisation der Informationssicherheit, physische Sicherheit) unterteilt. Hierbei greift der Anforderungskatalog anerkannte Sicherheitsstandards auf, wie ISO/IEC27001, die Cloud Controls Matrix der Cloud Security Alliance oder BSI-eigene Veröffentlichungen, und übernimmt deren Anforderungen überall dort, wo es sich angeboten hat. Der Aufbau gestaltet sich dabei jeweils so, dass er auch als Grundlage für eine Wirtschaftsprüfung nach dem Standard ISAE 3000 gelten kann.

> **Hinweis:**
> Der Anforderungskatalog „Cloud Computing Compliance Control Catalogue (C5)" des Bundesamtes für Sicherheit in der Informationstechnik (BSI) ist so aufgebaut, dass er für eine Prüfung durch Wirtschaftsprüfer nach ISAE 3000 geeignet ist.

Die 17 thematischen Anforderungsbereiche umfassen gem. Anforderungskatalog Cloud Computing (Stand September 2017):

Anforderungsbereich	Zielsetzung
Organisation der Informationssicherheit	Planung, Umsetzung, Aufrechterhaltung und kontinuierliche Verbesserung eines Rahmenwerks zur Informationssicherheit innerhalb der Organisation.
Sicherheitsrichtlinien und Arbeitsanweisungen	Bereitstellen von Richtlinien und Anweisungen bezüglich des Sicherheitsanspruchs und zur Unterstützung der geschäftlichen Anforderungen.
Personal	Sicherstellen, dass Mitarbeiter, Dienstleister und Lieferanten ihre Aufgaben verstehen, sich ihrer Verantwortung in Bezug auf Informationssicherheit bewusst sind und die Assets der Organisation bei Änderung der Aufgaben oder Beendigung geschützt werden.
Asset Management	Identifizieren der organisationseigenen Assets und der Verantwortlichen und Gewährleisten eines angemessenen Schutzniveaus.
Physische Sicherheit	Verhindern von unberechtigtem physischem Zutritt und Schutz vor Diebstahl, Schaden, Verlust und Ausfall des Betriebs.
Regelbetrieb	Sicherstellen eines ordnungsgemäßen Regelbetriebs einschließlich angemessener Maßnahmen für Planung und Überwachung der Kapazität, Schutz vor Schadprogrammen, Protokollierung und Überwachung von Ereignissen sowie den Umgang mit Schwachstellen, Störungen und Fehlern.
Identitäts- und Berechtigungsmanagement	Absichern der Autorisierung und Authentifizierung von Benutzern des Cloud-Anbieters (in der Regel privilegierte Benutzer) und des Cloud-Kunden zur Vermeidung von unberechtigtem Zugriff.
Kryptografie und Schlüsselmanagement	Gewährleisten einer angemessenen und effektiven Verwendung von Kryptografie zum Schutz der Sicherheit von Informationen.
Kommunikationssicherheit	Sicherstellen des Schutzes von Informationen in Netzwerken und den entsprechenden informationsverarbeitenden Systemen.
Portabilität und Interoperabilität	Ermöglichen der Eigenschaft, den Dienst auf unterschiedlichen IT-Plattformen sicher betreiben zu können, sowie die Möglichkeit zur sicheren Anbindung unterschiedlicher IT-Plattformen und Dienstbeendigung.
Beschaffung, Entwicklung und Änderung von Informationssystemen	Einhalten der Sicherheitsvorgaben bei Neuentwicklungen und Beschaffungen von Informationssystemen sowie Änderungen.
Steuerung und Überwachung von Dienstleistern und Lieferanten	Sicherstellen des Schutzes von Informationen, auf die Dienstleister bzw. Lieferanten des Cloud-Anbieters (Unterauftragnehmer) zugreifen können, sowie Überwachung der vereinbarten Leistungen und Sicherheitsanforderungen.

Anforderungsbereich	Zielsetzung
Security Incident Management	Gewährleisten eines konsistenten und umfassenden Vorgehens zur Überwachung, Erfassung, Bewertung, Kommunikation und Eskalation von Sicherheitsvorfällen.
Sicherstellung des Geschäftsbetriebs und Notfallmanagement	Strategische Etablierung und Steuerung eines Business Continuity Managements (BCM). Planen, Implementieren und Testen von Notfallkonzepten sowie Verankerung von Maßnahmen zur Sicherstellung und Aufrechterhaltung des Betriebs.
Sicherheitsprüfung und Nachweis	Überprüfen und Nachhalten, dass die Maßnahmen zur Informationssicherheit in Übereinstimmung mit den organisationsweiten Richtlinien und Anweisungen implementiert und ausgeführt werden.
Compliance und Datenschutz	Vermeiden von Verstößen gegen gesetzliche oder vertragliche Verpflichtungen in Bezug auf Informationssicherheit.
Mobile Device Management	Gewährleistung der Sicherheit beim Einsatz mobiler Endgeräte im Verantwortungsbereich des Cloud-Anbieters für den Zugriff auf IT-Systeme zur Entwicklung und zum Betrieb des Cloud-Dienstes.

Tab. 4.3 Anforderungsbereiche gem. Anforderungskatalog Cloud Computing

Da der Katalog kein neues und alleinstehendes Werk bildet, sondern nur der Vereinheitlichung dient, wird darin jeweils Bezug auf bis dato etablierte Standards genommen. Der Anforderungskatalog zieht hierbei Querverweise zu folgenden Standards:

Standard	Institution
ISO/IEC 27001	International Organization for Standardization
CSA Cloud Control Matrix 3.01	Cloud Security Alliance
AICPA Trust Service Principles Criteria	American Institute of Certified Public Accountants
ANSSI Référentiel Secure Cloud 2.0	Agence nationale de la sécurité des systèmes d'information
IDW ERS FAIT 5 04.11.2014	Institut der Wirtschaftsprüfer IDW, Entwurf einer Stellungnahme zur Rechnungslegung ERS, Fachausschuss für Informationstechnologie FAIT
BSI-IT-Grundschutz (Stand 14. Ergänzungslieferung, 2014)	Bundesamt für Sicherheit in der Informationstechnik
BSI-SaaS-Sicherheitsprofile 2014	Bundesamt für Sicherheit in der Informationstechnik

Tab. 4.4 Querverweise des Anforderungskatalogs

In einem zusätzlich durch das BSI herausgegebenen Referenzierungsdokument werden korrespondierende Anforderungen aus den internationalen Standards einzeln aufgelistet. Zusätzlich erfolgt in dem Referenzierungsdokument eine Bewertung darüber, ob der Anforderungskatalog C5 die internationale Anforderung übererfüllt, genau erfüllt oder ggf. untererfüllt.

Auch im Katalog selbst sind über Basis-Anforderungen hinaus in vielen Bereichen weitergehende Anforderungen enthalten, die entweder besonders die Vertraulichkeit oder die Verfügbarkeit oder beides zugleich adressieren.

Ein Novum im Vergleich zu anderen Sicherheitsstandards sind die sogenannten Umfeld-Parameter, die besonders im europäischen und deutschen Rechtsraum mehr und mehr an Bedeutung gewinnen. Sie geben Auskunft über Datenlokation, Diensterbringung, Gerichtsstandort, Zertifizierungen und Ermittlungs- und Offenbarungspflichten gegenüber staatlichen Stellen und enthalten eine Systembeschreibung. Die so geschaffene Transparenz erlaubt es potenziellen Cloud-Kunden zu entscheiden, ob gesetzliche Vorschriften (wie z.B. Datenschutz), die eigenen Richtlinien oder auch die Gefährdungslage bezüglich Wirtschaftsspionage die Nutzung des jeweiligen Cloud-Dienstes als geeignet erscheinen lassen.

> **Hinweis:**
> Der Nachweis über die Einhaltung des BSI-C5-Testats wird über einen SOC-2-Bericht erbracht und kann im Rahmen des Jahresabschlusses erfolgen.

Der Nachweis, dass ein Cloud-Anbieter die Anforderungen des Katalogs einhält und die Aussagen zur Transparenz korrekt sind, wird durch einen sogenannten Service-Organization-Control-(SOC-)2-Bericht erbracht. Dieser basiert auf dem international anerkannten Testierungsregime der ISAE 3000 und kann so im Rahmen des Jahresabschlusses erfolgen.

4.4 CISSP

Der Certified Information Systems Security Professional (CISSP) ist eine Personenzertifizierung für Security Professionals nach ISO 17024:2003. Er behandelt im Wesentlichen Aspekte wie physische Sicherheit, Softwarearchitekturen, Netzwerk und Telekommunikation sowie Kryptografie.

Die Zertifizierung richtet sich ausschließlich an fortgeschrittenes Personal im IT-Security-Umfeld, da berufliche Expertise durch eine dritte Person bestätigt werden muss.

Die zu zertifizierende Person muss eine Prüfung über acht Wissensgebiete im Rahmen einer Multiple-Choice-Prüfung ablegen:

- Zugriffskontrolle (Access Control)
- Applikationssicherheit (Application Security)
- Betriebliches Kontinuitätsmanagement (Business Continuity and Disaster Recovery Planning)
- Verschlüsselungstechniken (Cryptography)
- Rechtliche Grundlagen (Legal, Regulations, Compliance and Investigations)
- Strategien und Prozesse (Operations Security)
- Sicherheit der physischen Umgebung (Physical and Environmental Security)
- Sicherheitsarchitekturen (Security Architecture and Design)

Im Zuge eines Dreijahreszyklus stellt das International Information System Security Certification Consortium (ISC) Anforderungen zum Erhalt einer Rezertifizierung.

Diese Anforderungen können unter anderem in Form von Weiterbildungsaktivitäten, wie z.B. Lehrtätigkeiten, Publikationen, Hersteller-Trainings, Besuch von Kongressen, Hochschulstudiengängen oder schlichtem Selbststudium erfüllt werden. Die Zertifizierung zielt also stark darauf ab, dass sich die zertifizierte Person kontinuierlich und in Eigeninitiative weiterbildet und somit das zertifizierte Niveau dauerhaft hält bzw. ausbaut und an aktuelle Entwicklungen anpasst.

Im Bereich CISSP gibt es noch folgende Spezialisierungen:

- ISSAP (Information Systems Security Architecture Professional)
- ISSEP (Information Systems Security Engineering Professional)
- ISSMP (Information Systems Security Management Professional)

> **Hinweis:**
> Zur Gewährleistung des Eintretens für gute Absichten hat sich das (ISC)²-Committe einen Code of Ethics auferlegt, der verpflichtend für alle Zertifikatsträger gilt. Jeglicher Verstoß gegen diesen Code of Ethics kann gemeldet werden, was in der Regel zur Aberkennung der Zertifizierung führt.
>
> Unter anderem umfasst der Kanon:
>
> - Die Gesellschaft, das Gemeinwesen, das Vertrauen der Öffentlichkeit und die Infrastruktur zu schützen
> - ehrenwert, ehrlich, gerecht, verantwortlich und gesetzeskonform zu handeln
> - Führungskräften kompetente Unterstützung anzubieten
> - Den Berufsstand der IT-Security Professionals zu schützen und weiterzuentwickeln

Der Vorteil der Zertifizierung liegt in einem sehr breiten Überblick, vor allem im Bereich der technischen Informationssicherheit. Durch den Code of Ethics genießt der Zertifikatsinhaber darüber hinaus Anerkennung in den Fachkreisen und ist ständiger Teil einer regen Community, die sich permanent – auch über aktuelle Entwicklungen – im Austausch befindet.

Der Nachteil der CISSP-Zertifizierung liegt darin, dass insbesondere der Anteil der rechtlichen Grundlagen für den US-amerikanischen Raum ausgelegt und somit für europäische und vor allem deutsche Standards wenig hilfreich ist.

Für Deutschland und den europäischen Raum ist daher der Teletrust Information Security Professional (T.I.S.P.) ggf. interessanter.

4.5   T.I.S.P.

Der Teletrust Information Security Professional (T.I.S.P.) gilt als europäisches Pendant zum CISSP. T. I. S. P. ist eine geschützte Marke des Bundesverbandes IT-Sicherheit e. V. (TeleTrust).

Der TeleTrust Deutschland e. V. ist ein gemeinnütziger Verein mit knapp 100 Mitgliedern aus der IT-Wirtschaft, Forschung und Behörden und hat sich zum Ziel gesetzt, vertrauenswürdige und verlässliche Rahmenbedingungen für den Einsatz von Informations- und Kommunikationstechnik zu schaffen.

Ebenso wie beim CISSP handelt es sich dabei um eine Personenzertifizierung, jedoch mit klarem Zuschnitt auf die Wirtschafts- und Rechtslage in Europa.

Dies betrifft bspw. die Themenfelder:

- Europäisches Signaturgesetz (electronic IDentification, Authentication and trust Services eIDAS)
- Haftungsregeln
- IT-Sicherheitsgesetz (IT-SiG)
- IT-Grundschutz
- EU-Datenschutz-Grundverordnung (EU-DSGVO)

Praxistipp:
CISSP ist ein international anerkannter Standard. Daher empfiehlt sich eine Personenzertifizierung im Bereich CISSP vor allem für Personen, die überwiegend in global agierenden Unternehmen tätig sind.

Für den deutschen und europäischen Rechtsraum ist der T. I. S. P. völlig ausreichend und sollte primär angestrebt werden.

Die Schulungen zum T. I. S. P. werden durch anerkannte Schulungsanbieter – unter anderem das Fraunhofer Institut für Sichere Informationstechnologie (SIT) – und die Prüfung durch PersCert TÜV (TÜV Rheinland Gruppe) durchgeführt.

5 Absicherungsmaßnahmen

Im folgenden Kapitel werden verschiedene Maßnahmen zur Absicherung einer IT-Infrastruktur vorgestellt.

Die Darstellung der Einzelmaßnahmen erfolgt, anders als etwa in der ISO27002 (Code Of Practice For Information Security Controls, vgl. Kapitel 4.1), anhand eines Zonenmodells. Jeder Zone werden dabei verschiedene Einzelmaßnahmen zugeordnet, welche jeweils am Ende der Maßnahmenbeschreibung in Form einer Tabelle kurz zusammengefasst werden.

Ziel des folgenden Maßnahmenkatalogs ist nicht nur, Ihnen verschiedene Maßnahmen aufzuzeigen, sondern auch einen Anhalt zu geben, wo diese Maßnahmen zu verorten und wie sie zu priorisieren sind. Die Charakterisierung der Einzelmaßnahmen erfolgt dabei unter Berücksichtigung verschiedener Unternehmensgrößen.

Für die grobe Unterteilung der Unternehmensgrößen wurden die in Tabelle **Tab. 5.1** gezeigten Annahmen zugrunde gelegt:

	Unternehmensgröße			
	A	B	B+	C
Beschreibung	Klein	Mittel	Mittel	Groß
Mitarbeiter-Anzahl	< 50	< 250	< 250	> 250
Selbständiger IT-Fachbereich	Nein	Nein	Ja	Ja
Umsatz (in Mio. Euro)	< 10	< 50	< 50	> 50

Tab. 5.1 Unternehmensgrößen[25]

Die in den Maßnahmenzusammenfassungen getroffenen Aussagen sind grundsätzlich qualitativer Natur, da eine detaillierte Betrachtung zu umfangreich geworden wäre. Die hierbei betrachteten Aspekte sind: Kosten (im Verhältnis zum Umsatz), zusätzlicher organisatorischer Aufwand, Anmerkungen, Umsetzungspriorität (von 1/hoch bis 4/niedrig). Die Umsetzungspriorität wiederum ist nur als Anhalt zu verstehen. Sollten sich Ihnen Gelegenheiten bieten, welche die Umsetzung niedriger priorisierter

---

[25] Die Annahmen basieren, mit Ausnahme der Frage nach dem selbständigen IT-Fachbereich, auf https://ec.europa.eu/growth/smes/business-friendly-environment/sme-definition/ (abgerufen am 29.09.2019)

Maßnahmen, sofern der Einsatz sinnvoll ist, begünstigen, oder falls Ihnen im Zuge einer individuellen Beratung (Firmennetzwerke variieren zum Teil stark) zu einer anderen Reihenfolge/zu anderen Maßnahmen geraten wurde, kann selbstverständlich hiervon abgewichen werden.

Darüber hinaus werden jeder Maßnahmenzusammenfassung die betrachteten Schutzziele (siehe Kapitel 3.1.2) sowie Funktionalitäten (siehe Tabelle **Tab. 3.2**) zugeordnet. Auch wenn die im Kapitel 3.2.9 getroffene Einschränkung, jeder Maßnahme dürfe nur einer Funktionalität zugeordnet werden, zwar richtig ist, wird in den Maßnahmenzusammenfassungen davon abgewichen. Ursache hierfür ist, dass wir im Grunde von Maßnahmenkategorien (zum Beispiel: Zutrittsregelung) reden und weniger von konkreten Umsetzungsmöglichkeiten (zum Beispiel: Installation eines Vorhängeschlosses). Einige Maßnahmenzusammenfassungen verfügen über die Zeile „umfasst bspw.:". Die hierin genannten Aspekte finden Sie, sofern dies zweckmäßig erschien, im Glossar.

Am Ende sollten Sie imstande sein, für sich relevante Schlüsse aus den gegebenen Beschreibungen in Verbindung mit der dazugehörigen Zusammenfassung in Tabellenform ziehen zu können, um ggf. erkannten Handlungsbedarf eigenständig abzustellen oder in Zusammenarbeit mit entsprechenden Dienstleistern abstellen zu lassen. Generell dient dieser Leitfaden als Einführung in dieses große und überaus komplexe Themenfeld. Es ist daher grundsätzlich ratsam, für eine detaillierte Betrachtung Ihrer kanzleieigenen Netzwerkinfrastruktur oder ggf. im Zuge der Bewertung von Kunden-IT auf besagte Dienstleister zuzugehen.

5.1 Schlüsseltechnologien der Cybersecurity-Industrie

Es existieren Maßnahmen oder besser gesagt Technologien, denen aufgrund ihrer weiten Verbreitung ein gewissermaßen besonderer Stellenwert zukommt. Aufgrund ihrer herausragenden Bedeutung für den Bereich *Cybersecurity* stellen wir zunächst deren grundsätzliche Idee und Funktionsweise vor, bevor anschließend auf die verschiedenen Absicherungsmaßnahmen eingegangen wird.

5.1.1 Firewall und Proxy

Eine *Firewall* hat in erster Linie den Auftrag, unterschiedliche Netze oder Netzsegmente mit unterschiedlichem Sicherheitsniveau (bspw. Internet und Firmennetzwerk) voneinander zu separieren. Natürlich können Firewalls auch dazu eingesetzt werden, innerhalb eines Netzsegments Datenströme zu regulieren oder zu überwachen.

Ihre grundsätzliche Funktionsweise ist dabei recht simpel. Im Wesentlichen steckt hinter einer Firewall ein Regelwerk, welches beschreibt, ob und wenn unter welchen Voraussetzungen ein IT-System aus Netz A mit einem oder mehreren IT-Systemen aus Netz B kommunizieren darf.

In ihrer einfachsten Ausprägung entscheidet die Firewall dabei auf Basis von Regeln, die Kommunikationseigenschaften beschreiben. Dazu zählen involvierte Netzwerkschnittstellen, Herkunft (Source), Ziel (Destination), Art (*Protokoll*, bspw. *TCP*) sowie verwendete Ports.

Mit Einführung der *Stateful Packet Inspection*, also der zustandsgebundenen Überwachung, kam eine neue Sicht auf die zu regulierenden Datenströme hinzu, wodurch eine Firewall imstande ist, bereits erfolgte Kommunikation mit in ihre Entscheidungsfindung einzubeziehen.

Eine weitere Technologie, welche in diesem Zusammenhang eingeführt werden soll, ist der *Proxy*. Es handelt sich dabei um einen Dienst (Server), der Verbindungen entgegennimmt und stellvertretend die Kommunikation weiterführt.

Sein hauptsächlicher Anwendungsfall ist die Einschränkung eines Nutzers auf bestimmte Dienste (z.B. Web) des Internets. Darüber hinaus kann er Teile des Datenverkehrs, z.B. Betriebssystem-Updates, zwischenspeichern und dadurch Bandbreite einsparen.

Die Mischung aus einem *Proxy* und einer *Firewall* wird *Application Layer Firewall/Application Layer Gateway* genannt. Da die *Firewall* nun neben der bereits angesprochenen Überwachung der Kommunikationszustände durch die ergänzte *Proxy*-Funktionalität auch (rudimentär) beurteilen kann, welche Applikationen miteinander kommunizieren und welche Inhalte (*Deep Packet Inspection*) ausgetauscht werden, können bspw. auch versteckte schadhafte Kommunikationskanäle erkannt und unterbunden werden.

> **Hinweis:**
> Eine Application Layer Firewall/ein *Application Layer Gateway* kann nur effizient mit Daten arbeiten, wenn diese unverschlüsselt vorliegen. In ihrer/seiner (Teil-)Funktion als *Proxy* wird im Zuge der sogenannten *SSL Inspection* die verschlüsselte Kommunikation (*HTTPS*) nur noch bis zu ihr/ihm aufgebaut. Der *Proxy* inspiziert die Daten und sendet sie anschließend über eine verschlüsselte Verbindung, die der *Proxy* zum Zielsystem initiiert, weiter.

Fragen, die sich in diesem Kontext häufig ergeben, betreffen zum einen die Sichtbarkeit des Systems im Netzwerkverkehr und zum anderen die der grundsätzlichen Paketbehandlung. Bei der Sichtbarkeit unterschiedet man häufig zwischen transparent und sichtbar. Bei der transparenten Ausprägung werden die Systeme derart im Netzwerk platziert und konfiguriert, dass sie für andere Netzwerkteilnehmer unsichtbar wirken. Im anderen Fall werden sie als Gateways im Netzwerk platziert und fungieren häufig ebenfalls als NAT-Instanz.

Bei der grundsätzlichen Paketbehandlung geht es um die Frage, ob Pakete/Datenströme explizit zugelassen (sog. *Whitelisting*) oder explizit verboten (sog. *Blacklisting*) werden sollen.

> **Praxistipp:**
> Auch wenn es technisch nicht immer möglich ist, so ist in jedem Fall zunächst der Ansatz des Whitelistings zu prüfen.
>
> Beispiel:
>
> 1. Erlaube http von Netz A nach Netz B
> 2. Erlaube Mail von Netz A nach Netz B
> 3. Verbiete Rest

5.1.2 Intrusion Prevention Systems (IPS)/Intrusion Detection Systems (IDS)

Ein *IDS* dient der Überwachung der Kommunikation innerhalb eines Netzwerks oder an den Netzwerkgrenzen. Das IDS erfasst dabei Pakete und ist imstande, diese zu Kommunikationssitzungen zusammenzufassen, um sie anschließend auf schadhaften Inhalt und/oder schadhaftes Verhalten zu überprüfen.

Die Feststellung, ob ein Paket vom IDS gemeldet wird oder nicht, geschieht hierbei signatur- oder verhaltensbasiert.

Der Unterschied zwischen einem *IDS* und einem *IPS* liegt in der Möglichkeit des IPS, in den Datenstrom einzugreifen. Während IDS lediglich beobachten und melden, können IPS aktiv eingreifen und auffällige Pakete verwerfen.

5.1.3 Anti-Malware

Schadsoftwareerkennung ist heutzutage ebenfalls fester Bestandteil jeder Sicherheits-Architektur. Im Funktionsumfang decken diese Produkte, in Form von *Endpoint Solutions*, heute im Grunde vieles ab, was zur Absicherung eines digitalen Arbeitsplatzes oder im Einsatz auf großen File-Shares oder E-Mail-Servern erforderlich ist

Wie auch das *IDS/IPS*, arbeitet die Schadsoftwareerkennung *signatur- und/ oder verhaltensgesteuert*, wobei die meiste Arbeit auf den Servern der Softwarehersteller, auch gerne unter Zuhilfenahme moderner Verfahren wie KI oder Data Science, erfolgt. Dort werden Heuristiken, Metriken, Signaturen und Verhaltensmuster auf Basis bekannter oder absehbarer Angriffe entwickelt und, je nach Produkt, zum Teil stündlich bereitgestellt.

Durch die Verknüpfung von Host-IDS (*HIDS*)/Host-IPS (*HIPS*), Host-*Firewalls*, Host-Integritätsüberwachung, Host-Angriffserkennung u.v.m. zu einer Endpoint Solution, gelingt es, bei erkannten Bedrohungsszenarien schnell und umfassend zu reagieren.

> **Hinweis:**
> Das Überwinden moderner Schadsoftwareerkennung ist in den vergangenen Jahren zwar komplizierter geworden, stellt jedoch für gezielte Angriffe gegen bspw. Ihre Kanzlei keine unüberwindbare Hürde dar. Schadcode, der extra für einen Angriff auf IT-Systeme Ihrer Kanzlei geschrieben wurde, wird, sofern er sich unauffällig verhält, vermutlich dennoch zu einer Kompromittierung Ihrer IT-Systeme führen können, weswegen Anti-Malware nur ein Baustein Ihrer *Cybersecurity*-Architektur sein kann.

5.2 Das Zonenmodell

Den roten Faden zur Beschreibung der Maßnahmen[26] bildet das folgende Zonenmodell.

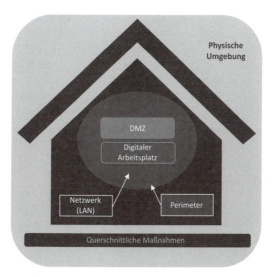

Abb. 5.1 Zonenmodell

Das Modell zeigt, wenn auch stark vereinfacht, die verschiedenen Zonen/ Bereiche, die wir mit adäquaten Maßnahmen absichern müssen. Wir weichen hierbei wissentlich von der ISO 27002 ab. Diese stellt die Maßnahmen in Form von Control Categories vor. Eine ebenfalls durchaus nachvollziehbare Herangehensweise. Dennoch haben wir uns in diesem Leitfaden gegen diese Darstellungsform entschieden, um auch einen Eindruck davon vermitteln zu können, wo die verschiedenen Maßnahmen verortet werden können/müssen.

Ferner ist das hiesige Zonenmodell nicht mit dem BSI-eigenen Zonenmodells zu verwechseln. Das BSI nutzt ein Zonenmodell zur Darstellung verschiedener Maßnahmen als Reaktion auf verschieden stark strahlende Geräte im Sinne der Abstrahlsicherheit.

---

[26] Unter dem Begriff „Maßnahmen" subsummieren wir alles, was getan wurde oder getan werden sollte, um eine bestimmte Wirkung (bspw. Mitigation einer Gefahr) herbeizuführen.

Dieses Modell, bzw. die damit dargestellten unterschiedlichen Bereiche können als klassischer Ansatz verstanden werden, welcher in Zeiten zunehmender Cloudnutzung oder informationszentrischer Ansätze vermeintlich immer mehr an Bedeutung zu verlieren scheint. Tatsächlich ist es jedoch so, dass dieses Modell bzw. diese Unterteilung aktuell wie auch zukünftig bedeutungsvoll ist bzw. bleiben wird. Selbst wenn die Datenverarbeitung ausschließlich in der Cloud geschieht, ist es ratsam, sich über Themen wie bspw. Absicherung des eigenen Arbeitsumfeldes und querschnittliche Maßnahmen zu informieren und entsprechend zu agieren. Die Kompromittierung eines Arbeitsplatz-PCs führt auch bei ausschließlicher Cloudnutzung ggf. zum vollständigen Verlust von Vertraulichkeit und Integrität.

> **Praxistipp:**
> Maßnahmen sind nur dann wirkungsvoll, wenn sie verstanden und gewartet werden. Zudem sind Maßnahmen häufig nur dann sinnvoll, wenn es einen Prozess gibt, der diese Maßnahmen überwacht und bei Unregelmäßigkeiten Handlungsoptionen bereithält.

Das muss nicht zwingend mit einem erheblichen Aufwand einhergehen, so lassen sich viele Maßnahmen bspw. von Hause aus automatisieren. Was Ihnen nicht passieren darf, ist, dass Sie Maßnahmen einrüsten, die Ihnen aufgrund attraktiver Prospekte und horrender Preise ein gutes Gefühl vermitteln, am Ende allerdings nicht mehr als teure Stromverbraucher sind.

In jeder Zone werden, sofern vorhanden, sowohl technische wie auch organisatorische und personelle Maßnahmen (Ausprägung) vorgestellt.

Die theoretisch ebenfalls vorhandenen Zonen Cloud und *IoT* werden gesondert in den Kapiteln 6, 7 und 8 behandelt und daher in diesem Kapitel nicht weiter betrachtet.

5.2.1 Digitaler Arbeitsplatz

Hierbei handelt es sich exemplarisch um alle verfügbaren Büroarbeitsplätze. Annahme hierbei ist, dass ein solcher Arbeitsplatz grundsätzlich über eine Anbindung an das Kanzlei-/ Firmennetzwerk oder zumindest ans Internet verfügt.

Endpoint Solution

Allen voran ist hier die umgangssprachlich als Anti-Malware bezeichnete Software zu nennen. Auch wenn die Erfahrung zeigt, dass sogar die besten Anti-Malware-Lösungen kaum etwas gegen gezielte Angriffe ausrichten können, so gewährleisten sie dennoch einen sehr guten Schutz gegen Alltagsgefahren und bilden somit eine Basiskomponente für eine solide Sicherheitslandschaft.

Der Begriff Anti-Malware-Lösung wird dabei heutzutage den Fähigkeiten der hierbei gemeinten Software nicht gerecht. Moderne Endpoint Solutions bieten häufig deutlich mehr als nur der Absicherung vor möglicher Schadsoftware. Derartige Lösungen kombinieren Anti-*Malware*, Host-*Firewall*, Host-IDS/IPS und DLP.

Endpoint Solution			Ausprägung: technisch	
Umfasst bspw.: Anti-Malware, Host-*Firewall*, Host-IDS/IPS, DLP					
Schutzziel: Vertraulichkeit, Integrität			**Funktionalität:** präventiv, detektierend	
Unternehmensgröße	Kosten	Aufwand	Anmerkungen	Prio
A	gering	mittel	Überwachung erfolgt bestenfalls über eine zentrale Management-Oberfläche; kann und sollte als Log-Datenquelle (*SIEM*[27]) genutzt werden	1
B	gering	mittel		1
B+	gering	gering		1
C	gering	gering		1

Tab. 5.2 Endpoint Solution

Schnittstellenmanagement

Um zu verhindern, dass IT-Systeme mittels bspw. USB-Datenträgern kompromittiert werden können, kommen Produkte aus dem Bereich des Schnittstellenmanagements zum Einsatz. Dabei werden alle Schnittstellen, die ein IT-System besitzt (USB, Card-Reader etc.), von einer Software überwacht und nur noch jene Datenträger und Endgeräte zugelassen, die zuvor registriert wurden oder allg. zulässig sind.

---

[27] Security Information and Event Management (SIEM), siehe Abschnitt 5.2.6

Der Versuch, nicht zugelassene Datenträger oder Geräte an dem IT-System anzuschließen, wird protokolliert und an eine zentrale Managementinstanz gemeldet.

Schnittstellenmanagement			Ausprägung: technisch	
Schutzziel: Vertraulichkeit, Integrität			Funktionalität: präventiv, detektierend	
Unternehmensgröße	Kosten	Aufwand	Anmerkungen	Prio
A	mittel	mittel	Überwachung erfolgt bestenfalls über eine zentrale Management-Oberfläche; kann und sollte als Log-Datenquelle (SIEM) genutzt werden	2
B	gering	mittel		2
B+	gering	gering		1
C	gering	gering		1

Tab. 5.3 Schnittstellenmanagement

Diebstahlschutz/Client

Für IT-Systeme, die der Gefahr ausgesetzt sind, gestohlen werden zu können, sowie generell für IT-Systeme, die für die Verarbeitung sensibler Informationen genutzt werden, ist es ratsam, über eine Festplattenverschlüsselung nachzudenken. Diese verhindert, sofern das IT-System heruntergefahren wurde, dass Unbefugte Kenntnis über die auf dem IT-System vorhandenen Daten erlangen. Diese Maßnahme ist insbesondere für mobile Endgeräte sinnvoll.

Diebstahlschutz/Client			Ausprägung: technisch	
Umfasst bspw.: Festplattenverschlüsselung				
Schutzziel: Vertraulichkeit, Integrität			Funktionalität: präventiv	
Unternehmensgröße	Kosten	Aufwand	Anmerkungen	Prio
A	gering	gering	Darüber hinaus ist zu definieren, was bei Verlust eines entsprechenden IT-Systems zu beachten ist.	2
B	gering	gering		2
B+	gering	gering		1
C	gering	gering		1

Tab. 5.4 Diebstahlschutz/Client

Mobile Device Management (MDM)

Hierbei handelt es sich um Software zur Wartung und (Fern-)Administration kanzlei-/firmeneigener mobiler Endgeräte.

MDM			Ausprägung: technisch	
Schutzziel: Vertraulichkeit, Integrität			Funktionalität: präventiv, detektierend	
Unternehmensgröße	Kosten	Aufwand	Anmerkungen	Prio
A	mittel	mittel		3
B	mittel	hoch	Weitere Informationen hierzu finden Sie in Kapitel 7.	3
B+	mittel	gering		2
C	mittel	mittel		2

Tab. 5.5 MDM

Sichere Anbindung an das Kanzlei-/Firmennetzwerk

Die Anbindung des digitalen Arbeitsplatzes an das Kanzlei- oder Firmennetzwerk muss derart umgesetzt sein, dass die Vertraulichkeit und Integrität der Informationen zu keinem Zeitpunkt gefährdet sind. Hierrunter zählen beispielsweise die Nutzung von VPN sowie die sichere Konfiguration von WLAN Access Points.

Sichere Anbindung			Ausprägung: technisch	
Umfasst bspw.: WLAN, VPN				
Schutzziel: Vertraulichkeit, Integrität			Funktionalität: präventiv, detektierend	
Unternehmensgröße	Kosten	Aufwand	Anmerkungen	Prio
A	gering	mittel		1
B	gering	mittel		1
B+	gering	gering	Wird ggf. im Zuge der Netzwerkhärtung umgesetzt	1
C	gering	gering		1

Tab. 5.6 Sichere Anbindung an das Firmennetzwerk

Clienthärtung

Um im Falle einer Kompromittierung größere Schäden vermeiden zu können, sollten insbesondere auf dem digitalen Arbeitsplatz (Client) Härtungsmaßnahmen ergriffen werden. Hierzu zählen bspw. die Vermeidung von Anwendern mit administrativen Zugängen, Abschalten nicht genutzter Dienste, Prüfung der lokal vorhandenen Dienste- und Nutzerkonten sowie die sichere Konfiguration des Betriebssystems und der genutzten Software.

Im Zuge der Absicherung sollte, neben technischen Maßnahmen, der Aufstellort des Clients betrachtet werden. So ist beispielsweise zu verhindern, dass Bildschirme von Unbefugten eingesehen werden können.

Clienthärtung			Ausprägung: technisch, organisatorisch	
Umfasst bspw.: Regelung lokaler Nutzerkonten, Konfigurationsvorgaben, Gruppenrichtlinien, Aufstellort				
Schutzziel: Vertraulichkeit, Integrität			**Funktionalität**: präventiv	
Unternehmensgröße	Kosten	Aufwand	Anmerkungen	Prio
A	gering	mittel	(min) Trennung von Anwendern und Administratoren	2
B	gering	mittel		2
B+	gering	gering	Umsetzung über Konfigurationsvorgaben und Gruppenrichtlinien	1
C	gering	gering		1

Tab. 5.7 Clienthärtung

Clean Desk / Clear Screen Policy

Eine recht einfach umsetzbare Security Policy ist die *Clean Desk Policy*. Ziel dieser Policy ist es, zu verhindern, dass auf Schreibtischen (oder an vergleichbaren Orten) sensible Informationen unbeaufsichtigt liegen bleiben und von unbefugten eingesehen werden können.

Darüber hinaus wird in der *Clear Screen Policy* geregelt, dass der digitale Arbeitsplatz, sofern dieser verlassen wird, zu sperren ist, um es Unbefugten wiederum nicht zu ermöglichen, sensible Informationen einzusehen.

Clean Desk / Clear Screen Policy			Ausprägung: organisatorisch	
Schutzziel: Vertraulichkeit			**Funktionalität**: präventiv	
Unternehmensgröße	Kosten	Aufwand	Anmerkungen	Prio
A	keine	gering		2
B	keine	gering		2
B+	keine	gering		2
C	kein	gering		2

Tab. 5.8 Clean Desk / Clear Screen Policy

Regelung der privaten Nutzung bereitgestellter IT-Systeme

Die private Nutzung des digitalen Arbeitsplatzes, insbesondere unachtsames Surfen und Öffnen privater E-Mails, die nicht durch den kanzlei-/firmeneigenen *Spam-Filter* gelaufen sind, birgt grundsätzlich Gefahren und ist daher vorab zu regeln.

Regelung der privaten Nutzung			Ausprägung: organisatorisch	
Umfasst bspw.: Social Media, Surfen allg., private E-Mails					
Schutzziel: Vertraulichkeit, Integrität			Funktionalität: präventiv	
Unternehmensgröße	Kosten	Aufwand	Anmerkungen	Prio
A	gering	hoch		3
B	gering	hoch		2
B+	gering	mittel		2
C	gering	hoch		2

Tab. 5.9 Regelung der privaten Nutzung

5.2.2 DMZ[28]/Eigene Dienste

In einer *DMZ* werden Dienste bereitgestellt, die sowohl von innen (Kanzlei- oder Firmenarbeitsplätze) wie auch von außen (Internet, dislozierte Kanzlei-/Firmenstandorte) erreichbar sein sollen. Eine DMZ zeichnet sich in erster Linie dadurch aus, dass sie über Sicherheitsmaßnahmen in beide Richtungen, nach innen wie auch nach außen, verfügt.

Serverhärtung

Unter Serverhärtung kann die Grundabsicherung eines Servers verstanden werden. Die konkreten Maßnahmen variieren dabei in Abhängigkeit von bspw. Server-Betriebssystem, genutzten Diensten, Server-Umfeld oder Umsetzung der Administration. Anhaltspunkte, wie eine solche Härtung realisiert werden kann, liefert bspw. das BSI (BSI-Standards zur Internet-Sicherheit/ISi-Server[29])

---

[28] **De**militarisierte **Z**one: Eine DMZ dient der Trennung von Arbeitsplätzen, eigenen Diensten und dem
[29] https://www.bsi.bund.de/DE/Themen/StandardsKriterien/ISi-Reihe/ISi-Server/server_node.html

Serverhärtung			Ausprägung: technisch	
Umfasst bspw.: Server (Betriebssystem), Erreichbarkeit, Dienste, Abhängigkeiten				
Schutzziel: alle			**Funktionalität:** präventiv, detektierend	
Unternehmensgröße	Kosten	Aufwand	Anmerkungen	Prio
A	mittel	hoch		3
B	gering	mittel	Ist nur beim Betrieb eigener Serverinfrastrukturen relevant.	3
B+	gering	gering		2
C	gering	gering		1

Tab. 5.10 Serverhärtung

Schadsoftwareerkennung/Server

Schadsoftwareerkennung kann, neben der Anwendung im Clientbereich, ebenfalls auf Servern sinnvoll zum Einsatz kommen. Beispiele hierfür sind die Überwachung von File-Shares oder E-Mail-Infrastrukturen.

Schadsoftwareerkennung/Server			Ausprägung: technisch	
Umfasst bspw.: Anti-Malware, Anti-Spam (E-Mail-Server)				
Schutzziel: alle			**Funktionalität:** präventiv, detektierend	
Unternehmensgröße	Kosten	Aufwand	Anmerkungen	Prio
A	gering	gering	Kann und sollte als Log-Datenquelle (SIEM) genutzt werden	3
B	gering	gering		2
B+	gering	gering	Ist nur beim Betrieb eigener Serverinfrastrukturen relevant.	2
C	gering	gering		2

Tab. 5.11 Schadsoftwareerkennung/Server

Diebstahlschutz/Server

Wie schon für die Anwendung im Clientbereich dargestellt, schützt Festplattenverschlüsslung/Offline-Verschlüsselung vor der Offenlegung sensibler Informationen. Dies gilt insbesondere für Server, da hier häufig in Gestalt von File-Shares (Datenablagen), Datenbanksystemen und zentralen E-Mail-Infrastrukturen massenhaft sensible Informationen zu finden sind.

Diebstalschutz/Server			Ausprägung: technisch	
Umfasst bspw.: Festplattenverschlüsselung				
Schutzziel: Vertraulichkeit, Integrität			**Funktionalität**: präventiv	
Unternehmensgröße	Kosten	Aufwand	Anmerkungen	Prio
A	gering	gering	Darüber hinaus ist zu definieren, was bei Verlust eines entsprechenden IT-Systems zu beachten ist.	3
B	gering	gering		2
B+	gering	gering		1
C	gering	gering	Ist nur beim Betrieb eigener Serverinfrastrukturen relevant	1

Tab. 5.12 Diebstahlschutz/Server

Regelungen zum administrativen Zugang zum IT-System

Eine nicht unerhebliche Gefahr geht vom Missbrauch von administrativen Zugängen aus. Dabei muss dieser Missbrauch noch nicht einmal vorsätzlich durch den Administrator erfolgen. So bleiben bei Wartungsmaßnahmen, sei es an Clients oder an Servern, Zugangsdaten im Speicher des gewarteten IT-Systems, welche unter Umständen durch Angreifer ausgelesen und eingesetzt werden können. Sind die hierdurch erlangten Zugangsdaten mächtig genug, kann der Angreifer das gesamte Netzwerk kompromittieren. Um dieser Gefahr zu begegnen, wurden in den vergangenen Jahren verschiedene Modelle entwickelt.

Least Privilege (vgl. Kapitel 3.2.7) bedeutet in diesem Zusammenhang, dass die durch die Administration zu nutzenden Zugangsdaten idealerweise nur mit derart vielen Rechten versehen sind, wie sie für die Durchführung dieser einen Wartungsmaßnahme erforderlich sind.

Das *Tier-Modell* beschränkt die Möglichkeiten der zu verwendenden Zugangsdaten zumindest auf eine administrative Ebene (Tier 2: Endgeräte/PCs, Tier 1: Netzwerk und Server).

Out-of-Band-Administration andererseits beschreibt, wie der administrative Zugriff zu erfolgen hat. Hierbei wird ein extra für die Administration der Server und Netzwerkkomponenten zu verwendendes Netz aufgespannt.

Regelungen zum administrativen Zugang			Ausprägung: technisch	
Umfasst bspw.: Least Privilege, Tier-Modell, Out-of-Band-Administration				
Schutzziel: Vertraulichkeit, Integrität			Funktionalität: präventiv	
Unternehmensgröße	Kosten	Aufwand	Anmerkungen	Prio
A	gering	mittel		3
B	mittel	hoch	Administrative Zugriffe sollten stets überwacht und protokolliert werden. (SIEM)	3
B+	mittel	mittel		2
C	mittel	mittel		1

Tab. 5.13 Administrativer Zugang

Virtualisierung/Containerisierung

Diese Maßnahme konzentriert sich in erster Linie auf das Schutzziel Verfügbarkeit. Durch *Virtualisierung* oder *Containerisierung* werden Dienste nicht mehr über physische Server bereitgestellt, sondern über virtuelle Instanzen. Hierdurch ist es zum einen deutlich einfacher, ganze Systeme im Sinne eines *Backups* zu sichern. Zum anderen können Server zu jedem Zeitpunkt in einen zuvor festgelegten definierten Zustand (*Snapshot*) versetzt werden.

Virtualisierung/Containerisierung			Ausprägung: technisch	
Schutzziel: Verfügbarkeit			Funktionalität: wiederherstellend, redundant	
Unternehmensgröße	Kosten	Aufwand	Anmerkungen	Prio
A	mittel	mittel		3
B	mittel	mittel	Ist nur beim Betrieb eigener Serverinfrastrukturen relevant	2
B+	mittel	mittel		2
C	mittel	mittel		2

Tab. 5.14 Virtualisierung/Containerisierung

5.2.3 Netzwerk (LAN)[30]

Diese Zone umfasst alle Komponenten, die dazu erforderlich sind, die digitalen Arbeitsplätze und eigene Dienste, bspw. innerhalb einer DMZ, miteinander und/oder mit dem Internet (und den darüber konsumierten Diensten) zu verbinden. Hierzu zählen z.B. Switches, Router und Patchpanel.

---

[30] **L**ocal **A**rea **N**etwork: Fasst alle Netzwerkkomponenten eines enger begrenzten Netzwerkes zusammen.

Firewall/Netzwerk

Der Einsatz von *Firewall*systemen in der Netzwerkzone dient der Segmentierung des Netzwerks und somit der Abschirmung besonders schützenswerter Systeme bzw. der Überwachung und Regulierung des Netzwerkverkehrs.

Firewall/Netzwerk			Ausprägung: technisch	
Schutzziel: alle			Funktionalität: präventiv, detektierend	
Unternehmensgröße	Kosten	Aufwand	Anmerkungen	Prio
A	mittel	mittel		3
B	gering	mittel	Kann und sollte als Log-Datenquelle (SIEM) genutzt werden	3
B+	gering	gering		2
C	gering	gering		1

Tab. 5.15 Firewall/Netzwerk

IDS/IPS/Netzwerk

IDS/IPS werden üblicherweise gezielt dort eingesetzt, wo besonders viel oder besonders relevante Kommunikation erwartet wird. Daher ist deren Einsatz nicht auf Clientsysteme (bspw. digitale Arbeitsplätze) oder den *Perimeter* beschränkt.

IDS/IPS/Netzwerk			Ausprägung: technisch	
Schutzziel: alle			Funktionalität: präventiv, detektierend	
Unternehmensgröße	Kosten	Aufwand	Anmerkungen	Prio
A	mittel	mittel		3
B	gering	mittel	Sollte als Log-Datenquelle (SIEM) genutzt werden	3
B+	gering	gering		2
C	gering	gering		1

Tab. 5.16 IDS/IPS/Netzwerk

Authentifizierung, Autorisierung, Accounting (AAA)

Bei Netzwerken mit umgesetzten AAA wird der Zugang zum Netzwerk nur jenen Clients/Nutzern gewährt, die über die nötigen Zugangsdaten/-token verfügen. Darüber hinaus wird auf Basis der dem Nutzer zugeteilten Rolle bzw. der damit einhergehenden Rechte entschieden und gesteuert, auf welche Services er zugreifen darf.

AAA			Ausprägung: technisch	
Umfasst bspw.: RADIUS, TACACS, Kerberos				
Schutzziel: alle			Funktionalität: präventiv, detektierend	
Unternehmensgröße	Kosten	Aufwand	Anmerkungen	Prio
A	mittel	hoch	Kann und sollte als Log-Datenquelle (SIEM) genutzt werden.	4
B	mittel	hoch		4
B+	mittel	mittel		3
C	mittel	mittel		2

Tab. 5.17 AAA

Hinweis:
Eine andere, deutlich komplexere Dimension dieser Zone ist die Domänensicht. Hierunter zählen bspw. Windows-Active-Directory-Strukturen.

Die dargestellten digitalen Arbeitsplätze, wie auch die DMZ/eigenen Server, betten sich in das Netzwerk als Knoten gewissermaßen nahtlos ein. Insbesondere[31] bei Active-Directory-Strukturen ist der Übergang zwischen eigenen Diensten und dem Netzwerk fließend, da für den Betrieb einer solchen Infrastruktur verschiedene AAA-Serverdienste erforderlich sind. Die Trennung zwischen Netzwerk und DMZ/eigenen Diensten kann hier also nicht mehr konsequent erfolgen.

Härtung der eingesetzten Netzwerktechnik

Wie schon bei der Serverhärtung dargestellt, muss auch bei der Einrichtung von Netzwerkkomponenten auf eine Grundabsicherung geachtet werden. Dabei hängen auch hierbei die konkreten Einzelmaßnahmen vom zu härtenden System ab.

---

[31] Natürlich gibt es hierfür auch andere Beispiele, man denke nur an RADIUS zur Authentisierung für WLAN Access Points.

Das Zonenmodell

Netzwerkhärtung			Ausprägung: technisch	
Umfasst bspw.: Konfiguration von Routern, Switches, Patchpanels, WLAN Access Points				
Schutzziel: alle			Funktionalität: präventiv	
Unternehmensgröße	Kosten	Aufwand	Anmerkungen	Prio
A	mittel	hoch	Insb. zu beachten: – Umgang mit Passwörtern – sichere Protokolle – sichere Konfiguration – Dokumentation	3
B	gering	mittel		3
B+	gering	gering		2
C	gering	gering		1

Tab. 5.18 Netzwerkhärtung

Segmentierung des Netzwerks

Sofern es IT-Systeme im Kanzlei-/Firmennetzwerk gibt, deren Vertraulichkeit, Integrität oder Verfügbarkeit von besonderer Bedeutung sind, kann eine weitere Segmentierung des Netzes sinnvoll sein. Hierdurch ist es dann möglich, Zugriffe weiter einzuschränken und besagte IT-Systeme unter Einsatz zusätzlicher Schutzmaßnahmen weiter abzuschirmen.

Netzwerksegmentierung			Ausprägung: technisch, organisatorisch	
Schutzziel: alle			Funktionalität: präventiv, detektierend	
Unternehmensgröße	Kosten	Aufwand	Anmerkungen	Prio
A	hoch	hoch	Um alternative Routen in das zu schützende Netzsegment zu vermeiden, ist bei der Ausplanung jede Kommunikation (in Form ein Kommunikationsmatrix) zu berücksichtigen.	4
B	mittel	hoch		3
B+	mittel	mittel		3
C	mittel	mittel		2

Tab. 5.19 Netzwerksegmentierung

Software-Defined Networking (SDN)

Eine bislang selten umgesetzte Maßnahme ist die Realisierung der kanzlei-/firmeneigenen Netzwerkinfrastruktur mittels *Software-Defined Networks*. Dabei handelt es sich um Netzwerkinfrastrukturen, die sich anhand bestimmter zuvor festzulegender Metriken selbständig konfigurieren und dadurch gewissermaßen selbständig auf Unregelmäßigkeiten reagieren können. Diese Netzwerke werden von einer zentralen Managementinstanz gesteuert (programmiert) und überwacht.

SDN			Ausprägung: technisch	
Schutzziel: alle			Funktionalität: detektierend, wiederherstellend, redundant	
Unternehmensgröße	Kosten	Aufwand	Anmerkungen	Prio
A	hoch	hoch	Kann und sollte als Log-Datenquelle (SIEM) genutzt werden	4
B	hoch	hoch		4
B+	hoch	mittel	Kann zu umfangreichen und kostspieligen Anpassungen des Netzwerkes führen.	4
C	mittel	mittel		4

Tab. 5.20 SDN

5.2.4 Perimeter

In dieser Zone werden alle Maßnahmen betrieben, die das interne Netz (LAN/Kanzlei-/Firmennetzwerk) sowie eigene Dienste und ggf. via VPN angebundene dislozierte Standorte vor äußeren Einflüssen schützen sollen.

Je nach Größe Ihrer Kanzlei oder Ihres Kunden können sich in dieser Zone unterschiedliche Komponenten befinden. Sicher nicht unüblich, insbesondere für kleinere Kanzleien und Unternehmen, ist der Einsatz von All-In-One-Lösungen, wie sie oftmals von einem Internetserviceprovider als Zugangspunkt zum Internet in Form kompakter Mietgeräte bereitgestellt werden. Diese Geräte sind für einfache Anwendungsfälle auch gewiss ein guter Ansatz, geben Ihnen als IT-Verantwortlichem allerdings nur sehr eingeschränkte Möglichkeiten der Absicherung und Überwachung.

Ein weiteres häufig auftretendes Problem ist die fehlerhafte Konfiguration derartiger Internetzugangspunkte. Durch betriebliche Anforderungen, wie etwa die Erreichbarkeit interner (Firmennetzwerk) Services aus dem Internet heraus, werden nicht selten unnötige Schwachstellen in besagte Zugangspunkte hineinkonfiguriert.

> **Praxistipp:**
> Es ist generell ratsam, selbst durchgeführte Konfigurationen stets kritisch zu hinterfragen und regelmäßig zu überprüfen.

Firewall/Perimeter

Da der *Perimeter* den Zugangspunkt zum Internet darstellt und hierüber die meisten Angriffe oder Angriffsversuche zu erwarten sind, handelt es ich um einen sehr wichtigen Aufstellort für eine *Firewall* zum Schutz des eigenen Netzwerks. Hierbei kann es sinnvoll sein, über SSL Inspection und somit die Überwachung von via SSL abgesicherten Verbindungen nachzudenken.

Firewall/Perimeter			Ausprägung: technisch		
Umfasst bspw.: Deep Packet Inspection/SSL Inspection					
Schutzziel: alle			Funktionalität: präventiv		
Unternehmensgröße	Kosten	Aufwand	Anmerkungen		Prio
A	mittel	mittel			1
B	gering	mittel	Kann und sollte als Log-Datenquelle (SIEM) genutzt werden		1
B+	gering	gering			1
C	gering	gering			1

Tab. 5.21 Firewall/Perimeter

IDS/IPS/Perimeter

Der *Perimeter* ist ebenfalls sehr gut geeignet, um dort *IDS/IPS* zu verorten.

IDS/IPS/Perimeter			Ausprägung: technisch		
Schutzziel: alle			Funktionalität: präventiv		
Unternehmensgröße	Kosten	Aufwand	Anmerkungen		Prio
A	mittel	mittel			2
B	gering	mittel	Kann und sollte als Log-Datenquelle (SIEM) genutzt werden		1
B+	gering	gering			1
C	gering	gering			1

Tab. 5.22 IDS/IPS/Perimeter

Data Leakage Prevention/Perimeter

Die Idee der *Data Leakage Prevention* ist das Verhindern eines Informations-/Datenabflusses in Richtung Netzwerk/Internet.

DLP/Perimeter			Ausprägung: technisch	
Schutzziel: Vertraulichkeit			Funktionalität: präventiv	
Unternehmensgröße	Kosten	Aufwand	Anmerkungen	Prio
A	mittel	mittel		4
B	gering	mittel	Kann und sollte als Log-Datenquelle (SIEM) genutzt werden	3
B+	gering	gering		3
C	gering	gering		2

Tab. 5.23 DLP/Perimeter

Virtual Private Network (VPN) zur Anbindung mobiler Endgeräte und/oder dislozierter Standorte

Mit einem *VPN* werden entfernte IT-Systeme mittels verschlüsselten Kanals über das Internet (oder ein anderes Trägernetzwerk) miteinander verbunden. Dabei können einzelne Geräte, wie z.b. Laptops oder Smartphones, oder ganze Netzwerke, wie z.b. dislozierte Außenstellen, angebunden werden.

Einsatz von VPN			Ausprägung: technisch	
Schutzziel: Vertraulichkeit, Integrität			Funktionalität: präventiv	
Unternehmensgröße	Kosten	Aufwand	Anmerkungen	Prio
A	gering	mittel	Endgeräte sind derart vorzubereiten, dass der Nutzer keine Konfigurationen mehr vorzunehmen hat.	2
B	gering	mittel		1
B+	gering	gering		1
C	gering	gering		1

Tab. 5.24 VPN

5.2.5 Physische Umgebung

Diese Zone beschreibt letztendlich, wie das reale physische Umfeld der zu bewertenden IT-Systeme aussieht. Auch wenn diese Zone nicht zwingend digital zu verstehen ist, hat sie doch einen wesentlichen Einfluss auf die Qualität Ihrer Cybersecurity-Architektur. So sind die meisten (digitalen) Maßnahmen wirkungslos, wenn ein Angreifer den gesamten digitalen Arbeitsplatz mühelos durch eine unverschlossene Zugangstür entwenden kann.

Zutrittsschutz

Unabhängig von der Unternehmensgröße handelt es sich bei der Zutrittskontrolle bzw. -beschränkung um wohl die wesentlichste Maßnahme in Bezug auf adäquate physische Absicherung.

Inhaltlich kann man hierunter alle Maßnahmen zusammenfassen, die imstande sind, den physischen Zutritt zu sensiblen IT-Systemen nur jenen zu gewähren, die über eine entsprechende Freigabe verfügen, und bestenfalls sonstige Zutrittsversuche melden/dokumentieren.

Welche Einzelmaßnahmen hierbei im Detail zum Einsatz kommen sollten, hängt vom zu schützenden IT-System ab. Dabei geht es nicht zwingend ausschließlich um rein technische Maßnahmen. Es wäre bspw. für Reinigungskräfte Ihrer Kanzlei/Firma ein leichtes, Ihren Arbeitsplatz zu kompromittieren. Es geht also viel eher um eine ganzheitliche Betrachtung.

Zutrittsschutz			Ausprägung: technisch, organisatorisch		
Umfasst bspw.: Zäune/Mauern, Serverschränke, Zutrittskarten /-chips, Absicherung von Türen und Fenstern					
Schutzziel: alle			Funktionalität: präventiv, detektierend, abschreckend		
Unternehmensgröße	Kosten	Aufwand	Anmerkungen		Prio
A	mittel	mittel	Darüber hinaus ist zu definieren, wie bei Einbrüchen oder anderen Auffälligkeiten zu reagieren ist.		1
B	mittel	hoch			1
B+	mittel	hoch			1
C	hoch	hoch			1

Tab. 5.25 Zutrittsschutz

Überwachung

Eine umfassende Überwachung der physischen Umgebung, bspw. mittels Kameras oder Sensoren, bringt mehrere Vorteile mit sich. So wirken derartige Maßnahmen auf Angreifer grundsätzlich abschreckend, da sie dadurch Gefahr laufen, entdeckt zu werden. Weiterhin ist es nur so möglich, laufende Angriffe festzustellen und entsprechende Gegenmaßnahmen schnellstmöglich zu initiieren. Darüber hinaus erleichtern entsprechende Maßnahmen die Strafverfolgung sowie die nachträgliche Analyse des Angriffs und die Anpassung der eigenen Sicherheitsvorkehrungen.

Überwachung	Ausprägung: technisch			
Umfasst bspw.: Kameras, Bewegungs-/Wärmesensoren, Alarmanlagen/Meldetechnik, Beleuchtung				
Schutzziel: alle	Funktionalität: detektierend, abschreckend			
Unternehmensgröße	Kosten	Aufwand	Anmerkungen	Prio
A	mittel	hoch	Darüber hinaus ist zu definieren, wie bspw. bei einem Alarm zu reagieren ist.	3
B	mittel	hoch		3
B+	mittel	mittel		3
C	hoch	hoch		2

Tab. 5.26 Überwachung

Personenüberprüfung/-vereinzelung

Sofern möglich, sind Maßnahmen zu ergreifen, die es ermöglichen, Personen, die die Kanzlei oder das Firmengelände betreten wollen, zuvor in Augenschein zu nehmen und sich dessen zu vergewissern, dass von diesen Personen keine Gefahr ausgeht. Personenschleusen wirken zudem abschreckend und dienen für besonders sensible Bereiche als weitere Zutrittskontrolle.

Personenüberprüfung/-vereinzelung	Ausprägung: technisch, organisatorisch			
Umfasst bspw.: Wachpersonal, persönlicher Empfang, Personenschleusen				
Schutzziel: alle	Funktionalität: präventiv, detektierend, abschreckend			
Unternehmensgröße	Kosten	Aufwand	Anmerkungen	Prio
A	mittel	hoch		4
B	mittel	mittel		4
B+	mittel	mittel		3
C	mittel	mittel		2

Tab. 5.27 Personenüberprüfung

Sicherstellung des unterbrechungsfreien Betriebs

Sofern eigene Dienste bereitgestellt bzw. eigene Serveranlagen betrieben werden, ist dafür zu sorgen, dass deren Betrieb unterbrechungsfrei sichergestellt ist. Neben adäquater Klimatechnik und unterbrechungsfreier Stromversorgung sowie redundanter Internetanbindung sind Verträge mit

Dienstleistern hinsichtlich regelmäßiger Wartungsmaßnahmen sowie eine entsprechend zügige Entstörung zwingend erforderlich.

Sicherstellung des unterbrechungsfreien Betriebs			Ausprägung: technisch, organisatorisch	
Umfasst bspw.: Klimatechnik, Stromversorgung, Internet, Verträge mit entsprechenden Dienstleistern				
Schutzziel: Verfügbarkeit			Funktionalität: präventiv, korrigierend, redundant	
Unternehmensgröße	Kosten	Aufwand	Anmerkungen	Prio
A	hoch	hoch	Es sind Verfahrensweisen zu definieren, die im Fall einer Störung abgearbeitet werden können.	4
B	mittel	hoch		3
B+	mittel	mittel		2
C	mittel	gering		1

Tab. 5.28 Unterbrechungsfreier Betrieb

Brandschutz

Um Schäden infolge eines Feuers so gering wie möglich zu halten, sind flächendeckend adäquate Brandschutzmaßnahmen umzusetzen.

Brandschutz			Ausprägung: technisch, organisatorisch	
Umfasst bspw.: Sensoren, Löschanlagen für Serverräume und Büroräume				
Schutzziel: Verfügbarkeit			Funktionalität: präventiv, detektierend	
Unternehmensgröße	Kosten	Aufwand	Anmerkungen	Prio
A	mittel	gering		3
B	mittel	gering		3
B+	mittel	mittel		3
C	mittel	mittel		2

Tab. 5.29 Brandschutz

Ausweichstandorte

Bei Eintritt hinreichend schwerwiegender Schadensereignisse kann es erforderlich werden, auf alternative Standorte auszuweichen. Je nach zuvor festgelegter eigener maximaler Ausfallzeit sind dabei unterschiedliche Vorbereitungen zu treffen. Das Spektrum reicht von ad hoc neu angemieteten und eingerichteten Immobilien bis hin zu bereits verfügbaren, vollständig eingerichteten Ausweichstandorten (Hot Standby).

Ausweichstandorte			Ausprägung: organisatorisch	
Schutzziel: Verfügbarkeit			Funktionalität: redundant	
Unternehmensgröße	Kosten	Aufwand	Anmerkungen	Prio
A	hoch	hoch	Sofern vorhanden, kann hier ggf. auf eigene Außen-/Zweigstellen zurückgegriffen werden. Diese sind vorab entsprechend zu ertüchtigen.	4
B	hoch	hoch		4
B+	hoch	hoch		3
C	hoch	hoch		3

Tab. 5.30 Ausweichstandort

Information der Mitarbeiter

Mitarbeiter/Angestellte sind regelmäßig über die getroffenen Schutzmaßnahmen, insbesondere etwaige Evakuierungspläne, zu informieren.

Information der Mitarbeiter			Ausprägung: personell	
Umfasst bspw.: Evakuierungspläne, wichtige Standorte (z.B. Defibrillatoren)				
Schutzziel: alle			Funktionalität: präventiv	
Unternehmensgröße	Kosten	Aufwand	Anmerkungen	Prio
A	gering	mittel		3
B	gering	mittel		3
B+	gering	gering		3
C	gering	gering		3

Tab. 5.31 Mitarbeiterinformation

5.2.6 Querschnittliche Maßnahmen

Als querschnittlich werden alle Maßnahmen verstanden, die über alle oder zumindest mehrere Zonen hinweg relevant sind oder keiner Zone zugeordnet werden können.

Security Information and Event Management (SIEM)

SIEM-Werkzeuge zeichnen sich dadurch aus, dass sie eine Vielzahl verschiedener Informationsquellen (hauptsächlich Protokolldatenerfassung der IT-Systeme, aber ggf. auch Ereignisse der Objektautomatisierung/-überwachung) sowie Erkenntnisse über Schwachstellen konsolidieren und korrelieren. Am Ende produziert ein solches System ein aktuelles Lagebild.

Eine ganzheitliche Protokolldatenerfassung ist wohl das beste Mittel zur Detektion von Unregelmäßigkeiten betrieblicher wie auch Auffälligkeiten sicherheitskritischer Natur.

> **Praxistipp:**
> Auch wenn eine ganzheitliche Überwachung anzustreben ist, sollte versucht werden, sich bei der Überwachung derartiger Daten auf wesentliche Informationen zu konzentrieren und somit zu vermeiden, dass relevante Ereignisse im „Rauschen" untergehen. Hierbei zählt also: weniger ist mehr.

SIEM			Ausprägung: technisch, organisatorisch		
Schutzziel: alle			Funktionalität: präventiv, detektierend, wiederherstellend		
Unternehmensgröße	Kosten	Aufwand	Anmerkungen		Prio
A	hoch	hoch			3
B	mittel	hoch			2
B+	mittel	mittel			2
C	mittel	mittel			1

Tab. 5.32 SIEM

Assetmanagement und Konfigurationsmanagement

Hierbei geht es um die Erfassung der im Verantwortungsbereich befindlichen IT-Systeme, inkl. etwaiger Server, Peripheriegeräte, Netzwerkkomponenten, Speichermedien etc. Es schadet hierbei auch nicht, ebenfalls genutzte Cloud-Dienste zu erfassen.

Neben der reinen Inventarisierung, die bereits ein wichtiger Schritt ist, gehört hierzu auch die Aufnahme der jeweiligen Konfiguration, wobei insbesondere eine initiale Feststellung der Soll-Konfiguration (Basis-Setup) relevant ist.

Darüber hinaus kann hierdurch gesteuert und nachgehalten werden, welche Software zum Einsatz kommt bzw. wie diese zum Einsatz kommen darf.

Asset-/ConfigMgmt			Ausprägung: technisch, organisatorisch	
Umfasst bspw.: Inventarisierung, Datenträger, Basis-Setups				
Schutzziel: Integrität, Verfügbarkeit			Funktionalität: präventiv, detektierend, wiederherstellend	
Unternehmensgröße	Kosten	Aufwand	Anmerkungen	Prio
A	mittel	hoch		3
B	gering	hoch		3
B+	gering	mittel		3
C	gering	mittel		1

Tab. 5.33 Asset- und ConfigMgmt

Software/Patch- und Updatemanagement

Veraltete Software ist nicht selten ein leichtes Einfallstor für Angreifer. Ursache hierfür sind träge Patch- und Updatezyklen – davon abgesehen, dass es oft an einem Überblick mangelt, welche Software überhaupt eingesetzt wird.

Auf der anderen Seite mangelt es häufig an Systemintegrations-/Verträglichkeitstests, was einen erheblichen Einfluss auf die Verfügbarkeit der involvierten IT-Systeme haben kann.

Es ist daher, neben der Inventarisierung der Software, im Zuge des bereits angesprochenen Asset- und Konfigurationsmanagements ein entsprechender Patch- und Updatemanagementprozess auszuprägen.

Software/Patch- und UpdateMgmt			Ausprägung: technisch, organisatorisch	
Umfasst bspw.: Systemintegrations-/Verträglichkeitstests				
Schutzziel: Integrität, Verfügbarkeit			Funktionalität: präventiv	
Unternehmensgröße	Kosten	Aufwand	Anmerkungen	Prio
A	mittel	hoch		2
B	mittel	hoch		2
B+	mittel	mittel		1
C	mittel	hoch		1

Tab. 5.34 Patch- und UpdateMgmt

Datensicherung/Backups

In Zeiten von *Ransomware* ist der Themenblock Datensicherung wichtiger denn je. Dabei ist für jede Kanzlei bzw. für jedes Unternehmen individuell anhand der Toleranzen hinsichtlich eines etwaigen Datenverlusts festzulegen, wie die Datensicherung zu realisieren ist.

Datensicherung			Ausprägung: technisch, organisatorisch	
Umfasst bspw.: *Vollsicherung, differentielle oder inkrementelle Datensicherung*				
Schutzziel: Verfügbarkeit			Funktionalität: wiederherstellend	
Unternehmensgröße	Kosten	Aufwand	Anmerkungen	Prio
A	mittel	hoch	In Abhängigkeit vom tolerierbaren Datenverlust zu klären: − Verfahren (voll., diff., inkr.) − Intervall − Daten	1
B	hoch	hoch		1
B+	hoch	mittel		1
C	mittel	mittel		1

Tab. 5.35 Datensicherung

Systemredundanzen

Neben den im Abschnitt „Sicherstellung des unterbrechungsfreien Betriebs" (Kapitel 5.2.5) genannten Aspekten sollten auch Redundanzen der IT-Systeme selbst berücksichtigt werden. Hierzu sind besonders wichtige Anteile der IT-Infrastruktur (bspw. *Netzzugangspunkte*, zentrale Netzwerkknoten, File-Shares, Logging-Server etc.) zu identifizieren und, sofern möglich, mehrfach abzubilden.

Systemredundanz			Ausprägung: technisch	
Schutzziel: Verfügbarkeit			Funktionalität: redundant	
Unternehmensgröße	Kosten	Aufwand	Anmerkungen	Prio
A	hoch	hoch		4
B	hoch	hoch		4
B+	hoch	mittel		3
C	mittel	mittel		2

Tab. 5.36 Redundanzen

Zugangs-/Zugriffsregelung sowie Rollen- und Rechtekonzept

Die Zugangsregelung definiert zu welchen Assets, IT-Systemen oder Diensten eine Person oder eine Personengruppe Zugang erhält.

Zugriffsregelungen befassen sich im Wesentlichen mit der Festlegung, welche Personen oder Personengruppen auf welche Programme, Daten oder Informationen in welchem Umfang zugreifen dürfen.

Hierzu werden Rollen- und Rechtematrizen erstellt.

Zugangsregelung / Rollen- und Rechtekonzept			Ausprägung: organisatorisch	
Schutzziel: alle			**Funktionalität:** präventiv	
Unternehmensgröße	**Kosten**	**Aufwand**	**Anmerkungen**	**Prio**
A	gering	hoch		3
B	gering	hoch		2
B+	gering	mittel		1
C	gering	mittel		1

Tab. 5.37 Zugang / Zugriff / Rollen- und Rechtekonzept

Passwortrichtlinien[32]

Passwortrichtlinien legen die Gestaltung von und den Umgang mit Passwörtern fest.

Passwortrichtlinien			Ausprägung: technisch, organisatorisch	
Schutzziel: alle			**Funktionalität:** präventiv, abschreckend	
Unternehmensgröße	**Kosten**	**Aufwand**	**Anmerkungen**	**Prio**
A	gering	gering	gute Passwörter sind:	2
B	gering	gering	– lang (min. 10 Zeichen)	2
B+	gering	gering	– komplex (Sonderzeichen) – für jeweils nur eine Applikation	1
C	gering	gering	– geheim	1

Tab. 5.38 Passwortrichtlinien

---

[32] Bei Hinweisen auf eine mögliche Offenlegung der genutzten Passwörter sind alle Passwörter zu erneuern. Weiterhin sollte über regelmäßige (bspw. jährlich) Passwortwechsel nachgedacht werden.

Klassifizierung von Informationen

Bevor über die adäquate Absicherung von Informationen nachgedacht werden kann, muss ein *Klassifizierungsschema* festgelegt werden. Nur so können der Bedarf an unterschiedlichen Sicherheitsbereichen konkretisiert und Maßnahmen abgeleitet werden.

Klassifizierung von Informationen			Ausprägung: technisch, organisatorisch	
Schutzziel: Vertraulichkeit			Funktionalität: präventiv	
Unternehmensgröße	Kosten	Aufwand	Anmerkungen	Prio
A	gering	mittel		1
B	gering	hoch	Hinweise hierzu liefert u.a. der BSI-Standard 200-2	1
B+	gering	mittel		1
C	mittel	mittel		1

Tab. 5.39 Informationsklassifizierung

Cybersecurity als Bestandteil des Projektmanagements/der Produktentwicklung

Cybersecurity hat zwei Perspektiven. Die erste Perspektive dreht sich um die Absicherung der firmeneigenen IT-Systeme und somit um die Bereitstellung einer solide abgesicherten Arbeitsgrundlage. Die zweite Perspektive ist die der Projekt- und Produktsicherheit. Wird *Cybersecurity* sehr früh in den Entwicklungsprozess bzw. in das Projekt integriert, so sind negative Effekte am Ende des Vorhabens und darüber hinaus unwahrscheinlicher. Weiterhin sollten insbesondere Produkte, die vor der Markteinführung stehen, von entsprechenden Dienstleistern auf sicherheitsrelevante Mängel geprüft werden. Ein Anhalt hierfür liefert Kapitel 9.

ProjektMgmt und Produktentwicklung			Ausprägung: organisatorisch	
Schutzziel: alle			Funktionalität: präventiv	
Unternehmensgröße	Kosten	Aufwand	Anmerkungen	Prio
A	hoch	hoch	Über den gesamten Projektzeitraum zu berücksichtigen.	1
B	mittel	mittel		1
B+	mittel	gering	Vor Markteinführung zu testen (siehe Kapitel 9).	1
C	mittel	gering		1

Tab. 5.40 ProjektMgmt und Produktentwicklung

Verschlüsselung

Verschlüsselung ist schon längere Zeit allgegenwärtig. Sei es in Form von VPNs, HTTPS-Webseiten, Festplattenverschlüsselung, E-Mail-Verschlüsselung oder Offline-Datenverschlüsslung. Verschlüsselung begegnet dem Nutzer sehr häufig, auch wenn er sich dessen nicht unbedingt bewusst ist.

Und dennoch kommt dieses Thema bei der Umsetzung von *Cybersecurity*-Maßnahmen häufig zu kurz.

Firmen, und insbesondere Wirtschaftsprüfer und Steuerberater, verfügen über sensible Informationen, die zu keinem Zeitpunkt (*Data in Use, Data in Motion, Data at Rest*) unverschlüsselt vorliegen sollten. Es ist daher ratsam, regelmäßig zu prüfen, inwiefern die eingesetzten Mechanismen umfassend und wirkungsvoll sind.

Verschlüsselung			Ausprägung: technisch		
Umfasst bspw.: VPN, Festplattenverschlüsselung, Offline-Datenversschlüsselung, E-Mail (S/MIME, PGP)					
Schutzziel: Vertraulichkeit, Integrität			**Funktionalität:** präventiv		
Unternehmensgröße	**Kosten**	**Aufwand**	**Anmerkungen**		**Prio**
A	mittel	mittel			1
B	gering	mittel			1
B+	gering	gering			1
C	gering	gering			1

Tab. 5.41 Verschlüsselung

Querschnittliche Steigerung der Nutzer-Awareness

Heutzutage laufen viele Angriffe über den Faktor Mensch, da dieser, mit Blick auf die grundsätzlich recht effizienten marktverfügbaren Absicherungsmöglichkeiten, das schwächste Glied in der Kette darstellt. Angriffe über bspw. E-Mail-Anhänge sind nicht sonderlich komplex und haben eine gute Aussicht auf Erfolg.

Um diesen Angriffsweg einzudämmen, helfen auf organisatorischer Seite Weiterbildungen und Awareness-Kampagnen.

Nutzer-Awareness			Ausprägung: personell	
Umfasst bspw.: Internet, *Social Engineering*, Vermittlung der Angreiferperspektive				
Schutzziel: alle			Funktionalität: präventiv	
Unternehmensgröße	Kosten	Aufwand	Anmerkungen	Prio
A	gering	hoch	Bsp. hierfür: – Live Hacking Events – Vorträge, Workshops Gruppenarbeit/Spiele – interne Phishing Kampagnen	2
B	gering	hoch		1
B+	gering	mittel		1
C	gering	hoch		1

Tab. 5.42 Nutzer-Awareness/querschnittlich

Regelungen zum Umgang mit Mitarbeitern

Vor der Einstellung neuen Personals sollte, abhängig von der geplanten Tätigkeit, über Background-Checks nachgedacht werden. Mindestens genauso wichtig allerdings ist, im Falle einer Kündigung (Trennung von einem Mitarbeiter) zu prüfen, inwiefern hiervon bestehende Prozesse betroffen sind und ob bereits für adäquate Kompensation gesorgt wurde.

Umgang mit Mitarbeitern			Ausprägung: organisatorisch	
Schutzziel: alle			Funktionalität: präventiv	
Unternehmensgröße	Kosten	Aufwand	Anmerkungen	Prio
A	gering	mittel		4
B	mittel	mittel		3
B+	mittel	mittel		3
C	mittel	mittel		2

Tab. 5.43 Umgang mit Mitarbeitern

Regelungen zum Umgang mit externen Partnern und Zulieferern

Je nachdem, welche Informationen mit dem externen Partner oder Zulieferer geteilt werden müssen, sollten vorab *Non-Disclosure Agreements* (*NDAs*) vereinbart und ggf. Background-Checks initiiert werden. Weiterhin sind alle technischen Schnittstellen zu externen Partnern oder Zulieferern zu dokumentieren und regelmäßig zu prüfen.

Umgang mit Partnern und Zulieferern			Ausprägung: organisatorisch	
Umfasst bspw.: NDA, Geheimschutz				
Schutzziel: Vertraulichkeit			Funktionalität: präventiv	
Unternehmensgröße	Kosten	Aufwand	Anmerkungen	Prio
A	gering	gering	Hierbei ist insb. vertraglich festzulegen wie der Partner / Zulieferer mit vertraulichen Informationen umzugehen hat.	2
B	gering	gering		2
B+	gering	gering		2
C	gering	gering		1

Tab. 5.44 Partner und Zulieferer

Regelungen zum Umgang mit alten IT-Systemen

Eine sehr einfache Maßnahme, die viel zu häufig übersehen wird, ist die geregelte Aussonderung alter IT-Systeme. Unabhängig davon, ob diese Systeme verkauft, von Verwertergesellschaften übernommen oder einfach verschrottet werden, muss vorab sichergestellt werden, dass sich auf dem System keine sensiblen Informationen mehr befinden.

Umgang mit „alten IT-Systemen"			Ausprägung: organisatorisch	
Umfasst bspw.: Umgang mit Speichermedien				
Schutzziel: Vertraulichkeit			Funktionalität: präventiv	
Unternehmensgröße	Kosten	Aufwand	Anmerkungen	Prio
A	gering	gering		3
B	gering	gering		3
B+	gering	gering		2
C	gering	gering		2

Tab. 5.45 Umgang mit alter IT

5.2.7 Erweiterte Maßnahmen

Darüber hinaus existieren weitere, überaus bedeutungsvolle Maßnahmen. Diese stellen allerdings eine zum Teil nicht unerhebliche Mehrbelastung dar. Daher sind solche Maßnahmen eher für größere Unternehmen bzw. für Unternehmen mit einem bereits komfortablen Umsetzungsstand hinsichtlich der bisher vorgestellten Maßnahmen und Aufgaben geeignet.

Computer Emergency Response Team (CERT)

Eine Maßnahme, die häufig in größeren Unternehmen implementiert ist, ist ein *Computer Emergency Response Team*. Dessen Aufgabe ist die schnelle und koordinierte Reaktion auf Unregelmäßigkeiten, die für den Bereich *Cybersecurity* relevant sein könnten. Dabei ist es nicht zwingend erforderlich, dass Fähigkeiten für alle Eventualitäten vorgehalten werden. Vielmehr ist das *CERT* für Sofortmaßnahmen sowie die Verbindungsaufnahme zu im Vorfeld vertraglich festgelegten Dienstleistern und deren Koordinierung/ Betreuung vor Ort verantwortlich.

CERT			Ausprägung: technisch, organisatorisch	
Schutzziel: alle			Funktionalität: detektierend	
Unternehmensgröße	Kosten	Aufwand	Anmerkungen	Prio
A	hoch	hoch	ggf. outsourcen	4
B	mittel	hoch		4
B+	mittel	mittel	Sollte über die interne IT-Organisation abgebildet werden.	3
C	mittel	mittel		2

Tab. 5.46 CERT

Security Operations Center (SOC)

Je nach Größe des Unternehmens werden zur Überwachung der *Cybersecurity*-Lage sog. *Security Operations Center (SOC)* implementiert. Dort laufen alle Fäden zusammen und werden ggf. Maßnahmen koordiniert.

Wie schon beim CERT angesprochen, können kleinere Unternehmen bei Bedarf auf entsprechende Dienstleistungen zurückgreifen. Weitere Informationen hierzu, insbesondere zur Frage, wie so etwas in der Cloud umgesetzt werden kann, finden Sie im Kapitel 6.

SOC			Ausprägung: technisch, organisatorisch	
Schutzziel: alle			Funktionalität: detektierend	
Unternehmensgröße	Kosten	Aufwand	Anmerkungen	Prio
A	hoch	hoch		4
B	hoch	hoch	ggf. outsourcen	4
B+	hoch	hoch		4
C	hoch	mittel		3

Tab. 5.47 SOC

6 Cloud

Immer mehr Cloud-Dienste tauchen jeden Tag neu auf und vereinfachen uns das Leben. Auch Unternehmen setzen immer mehr auf diese Technologie. Cloud-Dienste bieten dem Nutzer flexible Betriebsmodelle und sind ohne großen Aufwand schnell einsatzbereit und ausgerollt.

Soziale Medien (wie bspw. Twitter und LinkedIn) und Datei-Hosting-Dienste (wie bspw. Google Drive, OneDrive und Dropbox) sind mitunter die bekanntesten Vertreter von *Cloud-Diensten*.

6.1 Definition von unterschiedlichen Cloud-Typen

In der Fachliteratur gibt es unzählige Definitionen des Begriffs Cloud und seiner verschiedenen Ausprägungen. In diesem Buch orientieren wir uns an den Definitionen des U.S. National Institute of Standards and Technology (NIST). Das NIST[33] definiert Cloud Computing im Allgemeinen als ein

> *„model for enabling ubiquitous, convenient, on-demand network access to a shared pool of configurable computing resources (e.g., networks, servers, storage, applications, and services) that can be rapidly provisioned and released with minimal management effort or service provider interaction."*

Folgende vier Arten der Umsetzung von Cloud-Infrastrukturen hat das NIST definiert:

> **Public Cloud** – *„The cloud infrastructure is provisioned for open use by the general public. It may be owned, managed, and operated by a business, academic, or government organization, or some combination of them. It exists on the premises of the cloud provider."*

Klassische Vertreter von *Public Clouds* wären z.B. der Anbieter Dropbox als Cloud-Speicher sowie die Infrastruktur von Amazon Web Services und Microsoft Azure. Das entscheidende Kriterium ist, dass der Zugang öffentlich ist und die Hardware der Allgemeinheit zur Verfügung steht. Eine Public Cloud hat den Vorteil, dass die Installation und das Setup der Dienste einfach und kostengünstig sind. Hohe Investitionskosten bleiben aus, da

---

[33] Special Publication 800-145 by NiST

die Hardware und die Infrastruktur vom Dienstleister betrieben werden. Zusätzlich lassen sich alle Dienste, abhängig vom aktuellen oder zukünftigen Bedarf, flexibel skalieren. Jedoch ist zu prüfen, inwieweit gesetzliche Datenschutzbestimmungen die Bearbeitung und Speicherung von Daten in Public Clouds überhaupt zulassen.

> **Private Cloud** – *„The cloud infrastructure is provisioned for exclusive use by a single organization comprising multiple consumers (e.g., business units). It may be owned, managed, and operated by the organization, a third party, or some combination of them, and it may exist on or off premises."*

Gegenüber einer Public Cloud stehen bei einer *Private Cloud* die angebotenen Dienste exklusiv einer Organisation zur Verfügung. Eine Private Cloud wird entweder von der Organisation selbst betrieben oder exklusiv von einem Dienstleister nur für diese Organisation bereitgestellt. Dienste wie Amazon Virtual Private Cloud und Microsoft Azure Stack bieten auch Private-Cloud-Umgebungen an. Hierbei ist jedoch zu prüfen, inwieweit eine logische Trennung, wie bspw. bei den Amazon Diensten, ausreicht oder doch komplett dedizierte Hardware benötigt wird.

> **Community Cloud** – *„The cloud infrastructure is provisioned for exclusive use by a specific community of consumers from organizations that have shared concerns (e.g., mission, security requirements, policy, and compliance considerations). It may be owned, managed, and operated by one or more of the organizations in the community, a third party, or some combination of them, and it may exist on or off premises."*

Diese Ausprägung findet in der Praxis kaum Anwendung, ist der Vollständigkeit halber aber zu nennen.

> **Hybrid Cloud** – *„The cloud infrastructure is a composition of two or more distinct cloud infrastructures (private, community, or public) that remain unique entities, but are bound together by standardized or proprietary technology that enables data and application portability (e.g., cloud bursting for load balancing between clouds)."*

Es ist gängige Praxis, eine Private Cloud mit den Vorteilen einer Public Cloud (kostengünstig und flexibel) zu verbinden. So können z.B. interne Entwicklungsprojekte (z.B. Simulationen, Big Data) kurzfristig dynamisch um Rechen- und Speicherkapazitäten erweitert werden. Durch die Versmischung unterschiedlicher Infrastrukturen sind hierbei wie immer die gesetzlichen Datenschutzbestimmungen zu beachten. Geschäftsprozesse müssen genau analysiert und den Cloud-Modellen entsprechend aufgeteilt werden.

> **Praxistipp:**
> Halten Sie sich immer anhand dieser vier Formen vor Augen, wo Ihre Daten gespeichert werden, ob es in einer privaten Cloud auf dem Firmengelände ist, mit geregeltem Zugang zur Infrastruktur, oder in einem öffentlichen Cloud-Dienst mit vielen verschiedenen Nutzern, welche sich die Hardware teilen.

Im Folgenden betrachten wir verschiedene Ausprägungen von Cloud-Diensten. Das NIST definiert vier Modelle:

> **Software as a Service** *(SaaS) – „The capability provided to the consumer is to use the provider's applications running on a cloud infrastructure. The applications are accessible from various client devices through either a thin client interface, such as a web browser (for example, web-based email), or a program interface. The consumer does not manage or control the underlying cloud infrastructure including network, servers, operating systems, storage, or even individual application capabilities, with the possible exception of limited user-specific application configuration settings."*

Bei *Software-as-a-Service*-Diensten handelt es sich oftmals um Web-Anwendungen. Beispiele hierfür sind Office-Lösungen von Microsoft (Office 365) oder auch Content-Management-Systeme wie Wordpress und Joomla. Der Zugang erfolgt zu diesen Anwendungen über den Webbrowser. Der Vorteil für den Anwender ist, dass die Anwendung nicht lokal installiert werden muss und immer verfügbar ist. Die komplette Infrastruktur stellt der Betreiber zur Verfügung. Softwarelizenzen müssen nicht gekauft werden, da nach Nutzungszeit (auch Pay-per-Use genannt) abgerechnet werden kann.

> **Platform as a Service** *(PaaS) – „The capability provided to the consumer is to deploy onto the cloud infrastructure consumer-created or acquired applications created using programming languages, libraries, services, and tools supported by the provider.*

The consumer does not manage or control the underlying cloud infrastructure including network, servers, operating systems, or storage, but has control over the deployed applications and possibly configuration settings for the application-hosting environment."

PaaS eignet sich als Entwicklungsumgebung von Applikationen. Es sind keine Anpassungen an der Hardware und Software notwendig. Fertiggestellte Applikationen werden dem Endkunden oftmals als SaaS zur Verfügung gestellt. Hier liegt der Fokus auf der Entwicklung der gewünschten Applikation. Es ist nicht notwendig, die dafür benötigte Infrastruktur (Hardware und Netzwerk) zu betreiben und zu administrieren, was zu erheblichen Kostenersparnissen führt. Langfristig entfallen außerdem Wartungskosten, da externe Dienstleister die Plattform instandhalten.

Infrastructure as a Service *(IaaS) – „The capability provided to the consumer is to provision processing, storage, networks, and other fundamental computing resources where the consumer is able to deploy and run arbitrary software, which can include operating systems and applications. The consumer does not manage or control the underlying cloud infrastructure but has control over operating systems, storage, and deployed applications; and possibly limited control of select networking components (for example, host firewalls)."*

IaaS beinhaltet die Bereitstellung von Infrastruktur durch einen *Cloud Provider*. Der Zugriff über die Ressourcen erfolgt über private oder öffentliche Netzwerke. Zu den Komponenten der bereitgestellten Infrastruktur gehören bspw. Server, Rechen- und Netzwerkkapazitäten, Kommunikationsgeräte wie Router, Switches oder *Firewalls*, Speicherplatz sowie Systeme zur Archivierung und Sicherung von Daten.

Praxistipp:
IaaS bietet in vielen Bereichen enorme Einsparpotenziale gegenüber dem Kauf und Betrieb eigener Hardware. Optimal eignet sich IaaS für Anwendungen mit stark schwankendem Bedarf an Server-, Netzwerk- oder Speicherkapazität (klassische Big-Data-Anwendungen).

Hinweis:
Welches Modell auch genutzt wird (oftmals ergibt sich in der Praxis eine Mischform), die Daten einer Kanzlei/Firma werden bei allen drei Modellen in der Cloud berechnet und zumindest zwischengespeichert, wenn nicht sogar komplett gespeichert. Oftmals sind sich Mitarbeiter gar nicht dessen bewusst, dass sie Cloud-Dienste nutzen und somit der Gefahr abfließender Daten gegenüberstehen.

Im Marketing wird oft der Begriff „X as a Service" (Anything as a Service) verwendet. Es gibt z.B. Desktop as a Service, welcher Virtual Desktop Infrastructure beschreibt, oder auch Database as a Service, welcher Datenbanken als Cloud-Dienst beschreibt. All diese Begriffe basieren auf den drei oben genannten Modellen vom NIST und lassen sich durch einen der Vertreter beschreiben. Mit den verschiedenen Cloud-Modellen gehen, neben den erwähnten verschiedenen Nutzungsweisen, auch verschiedene Zuständigkeiten einher. **Abb. 6.1** zeigt die Zuständigkeiten für das jeweilige Modell an. Bei der Betrachtung wird deutlich, dass bei der Nutzung von *On-Premises*-Modellen die Verantwortung noch vollständig bei dem Unternehmen selbst liegt. Je mehr in die Cloud ausgelagert wird, desto mehr Verantwortung trägt der Cloud Provider.

On-Premises	IaaS	PaaS	SaaS
Applikationen	Applikationen	Applikationen	Applikationen
Daten	Daten	Daten	Daten
Middleware	Middleware	Middleware	Middleware
Betriebssystem	Betriebssystem	Betriebssystem	Betriebssystem
Virtualisierung	Virtualisierung	Virtualisierung	Virtualisierung
Server	Server	Server	Server
Speicher	Speicher	Speicher	Speicher
Netzwerk	Netzwerk	Netzwerk	Netzwerk

Zuständigkeit des Unternehmens | Zuständigkeit des Providers

Abb. 6.1 Zuständigkeiten bei Cloud-Modellen

Die Tatsache, dass die Verantwortung immer mehr Richtung Provider wandert, birgt Vorteile sowie Risiken, auf die wir im Folgenden eingehen.

6.2 Risiken von Cloud-Diensten

Durch den stetigen Anstieg der genutzten Cloud-Dienste steigt auch die Abhängigkeit von den genutzten Diensten. Dabei spielt es keine Rolle, ob nur Anwendungen in der Cloud genutzt werden, oder ob ganze Infrastrukturen ausgelagert werden, jedes Einsatzszenario birgt gewisse Risiken. Vor allem Cloud-Dienstleister bewerben die Vorteile der Cloud, ohne auf die Gefahren einzugehen. In diesem Abschnitt stellen wir die wichtigsten Risiken von Clouds dar.

6.2.1 Schatten-IT

Neben der vom Unternehmen betriebenen IT existiert oftmals auch IT außerhalb der Sichtbarkeit, Kontrolle oder Verwaltung der IT-Abteilung. Die Rede ist von sogenannter *Schatten-IT*. Dies können private Geräte, nicht von der IT-Abteilung freigegebene Anwendungen oder auch nicht explizit freigegebene IT-Dienste seien. Cloud-Dienste bieten sich durch ihre Einfachheit und Flexibilität an, als Schatten-IT missbraucht zu werden. Der Zugang zu diesen Schatten-IT-Diensten ist oftmals über den Webbrowser möglich, sodass die IT-Abteilung kaum eine Chance hat, den Datenfluss, aus der Kanzlei zu protokollieren und zu kontrollieren.

Schatten-IT bietet auch Chancen, neue Arbeitsprozesse zu entwickeln. Cloud-Dienste dürfen nur niemals im Schatten der IT-Abteilung betrieben werden und an Arbeitsprozessen vorbei arbeiten.

> **Beispiel**
>
> Ein Mitarbeiter nutzt zur Organisation seines Arbeitstages eine To-do-Liste bei einem privaten Cloud-Dienst online. Erst mal klingt dies nachvollziehbar. Doch wenn Termine mit Kunden und vertrauliche Daten dort eingetragen werden, verstößt der Mitarbeiter unbewusst sehr schnell gegen geltende Datenschutzbestimmungen.

Die Nutzung von Schatten-IT in Arbeitsprozessen bietet gleich eine große Anzahl an unterschiedlichsten Risiken. Abgesehen von dem im Beispiel dargestellten Datenschutzverstoß, kann es auch zu Verstößen gegen Lizenzbestimmungen kommen (kommerzielle Nutzung). Zusätzlich bietet die genutzte Schatten-IT in einer Kanzlei/Firma neue Angriffsvektoren.

> **Praxistipp:**
> Überprüfen Sie regelmäßig, ob Ihre Arbeitsprozesse mit den zur Verfügung gestellten IT-Lösungen zu bewältigen sind. Evaluieren Sie die genutzten Cloud-Dienste, um diese gegebenenfalls in unternehmenseigene IT-Projekte überführen zu können. Oftmals bieten Cloud-Dienst-Anbieter gesonderte Lösungen für den Einsatz im geschäftlichen Umfeld an, welche Ihre Richtlinien erfüllen.

6.2.2 Datensicherheit und Datenschutz

Unternehmen und verantwortliche Mitarbeiter müssen darauf achten, dass der Datenschutz und die Datensicherheit bei genutzten Cloud-Diensten gewährleistet werden. Durch die webbasierte Verwaltung gibt es in den meisten Fällen kein durchdachtes Berechtigungskonzept. Daten können in die falschen Hände geraten, auf unsicheren Rechnern, wie Notebooks gespeichert bleiben oder an verschiedenen Stellen der Cloud, z.B. in Online-Speichern, vergessen werden.[34]

In der EU und besonders in Deutschland gibt es sehr strenge Gesetze für den Umgang mit Kundendaten. Oft sind Cloud-Dienste auf Gesetze und Vorschriften aus den USA ausgelegt. Es ist ratsam, den Cloud-Dienst auf gängige Datenschutzbestimmungen zu prüfen und dies zu dokumentieren. Das in Kapitel 4.3 beschrieben *C5-Testat* des BSI könnte hier bspw. als Indikator eingesetzt werden.

Die Vorschriften/Gesetze gelten nicht nur für den Dienstleister, sondern auch für Anwender, die Dienste der Cloud nutzen. Der Standort der Server, auf welchem die Daten gespeichert sind, spielt hierbei eine entscheidende Rolle.

6.2.3 Schnittstellenproblematik

Abgesehen von Sicherheitsbedenken in Clouds fürchten viele Unternehmen auch die hohe Herstellerabhängigkeit. In der Vergangenheit zeigte sich, dass die Definition von Standards und Richtlinien durch unabhängige Institutionen und gemischte Hersteller-Anwender-Gremien praktikabel ist. Bei der Standardisierung im Rahmen der Cloud-Servicebereitstellung spielen

---

[34] https://www.cloudcomputing-insider.de/die-10-groessten-gefahren-beim-einsatz-von-cloud-infrastrukturen-a-517146 (abgerufen 22.09.2019)

die Initiativen Open Virtualization Alliance, Open Cloud Initiative und die Open Datacenter Alliance eine wesentliche Rolle.

Durch offene Standards bei Cloud Computing soll mehr Interoperabilität, also die möglichst nahtlose Zusammenarbeit von Systemen, geschaffen werden. Nach der Open Source Initiative (Kapitel 10) müssen offene Standards detailliert dokumentiert sowie öffentlich und frei zugänglich sein. Mit offenen Standards ließen sich Anwendungen, die für eine Cloud erstellt wurden, weitgehend problemlos in eine andere Cloud migrieren. Ein Beispiel für offene Standards im Cloud Computing war das Open-Source-Projekt Deltacloud von Apache[35]. Dieses Projekt bot für gängige Private und Public Clouds Interoperabilität mit seinen Schnittstellen. Tabelle **Tab. 6.1** gibt Ihnen eine Übersicht über aktuelle Schnittstellen und ihre unterschiedlichen Vertreter.

Standards	Beispiele
Datei und Austauschformate	OVF, EC2, USDL, CIM, SVM, EDI, …
Programmiermodelle	MapReduce, JAQL, PIG, HIVE
Protokolle & Schnittstellen	OCCI, CDMI, Cloud Audit, Google DLF
Standardkomponenten & Referenzarchitekturen	OpenStack, OSGI, NIST RM, IBM RM
Benchmarks & Tests	Benchmarking Suits, Security Assessment

Tab. 6.1 Cloud-Schnittstellen[36]

Seit der Entstehung von Clouds gibt es auch Bestrebungen auf unterschiedlichen Ebenen, für Transparenz im Cloud Computing zu sorgen. Offenheit und Standardisierung sind in diesem Zusammenhang eng miteinander verbunden und verfolgen beide die Ziele, mehr Wettbewerb, verstärkte Marktteilnahme und verbesserte Markteffizienz im Cloud Computing zu schaffen.

---

[35] https://deltacloud.apache.org (abgerufen 22.09.2019)
[36] Studie für das Bundesministerium für Wirtschaft und Technologie (BMWi): Das Normungs- und Standardisierungsumfeld von Cloud Computing, https://www.trustedcloud.de/sites/default/files/studie_normung_standards_lang.pdf (abgerufen am 22.09.2019)

> **Hinweis:**
> Bei der Nutzung von Cloud-Diensten, besonders bei SaaS-Produkten, machen Sie sich abhängig vom Anbieter. Prüfen Sie, ob das zu nutzende Produkt Schnittstellen zu anderen Produkten oder offene Schnittstellen bietet, auf die andere Anbieter zurückgreifen können.

6.2.4 Angriffe auf Cloud-Dienste

Hacker haben gehäuft Cloud-Dienste im Fokus. Die Cloud-Dienste stehen rund um die Uhr im Internet zur Verfügung und beinhalten oftmals sensible Daten. Zusätzlich ermöglichen sie es dem Angreifer, je nach genutztem Cloud-Modell, mehrere Unternehmen mit einem Angriff abzudecken. Bei der Nutzung von *SaaS-* und *PaaS-*Modellen sind Unternehmen von den Sicherheitslösungen des Cloud-Anbieters abhängig. Auch wenn das eigene Unternehmen nicht das Ziel des eigentlichen Angriffs war, besteht die Gefahr, dass bei einem Angriff auf den Cloud-Anbieter auch Daten des eigenen Unternehmens verloren gehen.

> **Hinweis:**
> Durch den stetigen Anstieg der Nutzung von Cloud-Diensten haben Hacker diese auch in ihr Portfolio aufgenommen. Clouds sind jedoch nicht unbedingt leichter anzugreifen als herkömmliche IT. Im Gegenteil: In den meisten Fällen sind Cloud-Lösungen besser abgesichert als andere IT-Lösungen.

> **Praxistipp:**
> Cloud Anbieter werben damit, dass Ihre Daten dort sicherer sind als bei Ihnen (was wahrscheinlich auch oft der Wahrheit entspricht). Lassen Sie sich trotzdem erklären, welche Sicherheitsmaßnahmen der Anbieter umsetzt, gegebenenfalls zusammen mit Ihrem kanzleiinternen IT-Experten.

Gefahren gibt es bei der Nutzung von Cloud-Diensten ebenso wie bei *On-Premises*-Lösungen. Ist der Cloud-Anbieter auch gleichzeitig der Betreiber des Rechenzentrums? Gibt es Transparenz zwischen dem Rechenzentrum der genutzten Hardware und dem Cloud-Anbieter? Hat man die Möglichkeit, als Endkunde diese Transparenz einzusehen und zu bewerten?

6.3 Zertifizierung von Cloud-Diensten

Mit Hilfe von Zertifikaten ist es dem Endkunden möglich, zu prüfen, inwieweit ein Anbieter geforderte Standards umsetzt. Die folgende Übersicht **Tab. 6.2** gibt einen Überblick über mögliche Zertifizierungen, welche im Zusammenhang mit Cloud Computing stehen.

Maßgebliche Standards, an denen Sie sich orientieren können, sind die bereits erwähnte *ISO 27001* (siehe Kapitel 4.1), welche die IT-Sicherheit und deren Management belegt, die *ISAE 3402 Typ 2*, welche das interne Kontrollsystem und die Wirksamkeit der Kontrollen prüft und nachweist, sowie *ISO/IEC 20000-1* (IT-Service-Management) und *ISO/IEC 27018* (Schutz personenbezogener Daten). Darüber hinaus entwickelt sich in Deutschland gerade die Testierung nach dem *Anforderungskatalog C5 des BSI* (siehe Kapitel 4.3).

Zertifizierung	Abdeckung	Ablauf	Reichweite	Gültigkeit
EuroCloud Star Audit	EU	Dokumenten-review, Vor-Ort-Audit	Anbieterprofil, Vertrag und Compliance, Sicherheit, Betrieb und Infrastruktur, Betriebsprozesse, Anwendung	24 Monate
Trust in Cloud	National	Self-Assessment, Dokumenten-review	Referenzen, Datensicherheit, Entscheidungssicherheit, Vertragsbedingungen, Cloud-Architektur	12 Monate
„Trusted Cloud – TÜV"	DACH	Vor-Ort-Audit	Sicherheit	24 Monate
CSA STAR	International	Self-Assessment	Sicherheit	12 Monate
EuroPrise	EU	Dokumenten-review, Vor-Ort-Audit	Datenschutz	24 Monate
ISAE 3402/ SSAE 16 Typ II	International	Vor-Ort-Audit	Interne betriebliche Kontrollen	6-12 Monate
ISO 27001	International	Vor-Ort-Audit	Sicherheit	36 (12) Monate
BSI-IT-Grundschutz	National	Dokumenten-review, Vor-Ort-Audit	Sicherheit	36 (12) Monate

Tab. 6.2 Vergleich von Cloud-Zertifizierungen

Wie der Tabelle **Tab. 6.2** entnommen werden kann, handelt es sich bei einigen Zertifikaten um eigene freiwillige Angaben des Providers nach einem vordefiniertem Fragenkatalog. Wie glaubwürdig diese Angaben sind, weiß oft nur der Provider selbst.

Ein weiteres Problem ergibt sich bei SaaS-Lösungen. Der Dienst und somit die Software selbst wird oft nicht zertifiziert. Es wird lediglich auf die Zertifikate des Hosting-Anbieters verwiesen. Dies führt zu Intransparenz beim Anwender.

6.4 SaaS-Sicherheit

PaaS- und *IaaS-Lösungen* richten sich an Software-Entwickler und Administratoren. Sie als Leser sind vermutlich eher an Software as a Service in der Cloud interessiert. Standardprodukte wie Microsoft Office, WebEx und die Adobe Suite sowie Anwendungen mit spezialisiertem Kundenkreis, z.B. vonseiten der Hersteller DATEV und Audicon, werden mittlerweile als Public-Cloud-Dienste angeboten.

Diese Applikationen erlauben das Arbeiten von überall und mit jedem Gerät. SaaS hat unseren Workflow grundlegend geändert. Doch neben den ganzen Vorteilen haben wir am Anfang dieses Kapitels die Gefahren der Nutzung von Clouds vorgestellt. Diese Risiken entstehen oft durch fehlerhafte Nutzung von SaaS oder Fehlkonfigurationen des Dienstes.

> **Beispiel**
> Zugangsberechtigungen im genutzten Cloud-Dienst sind falsch konfiguriert. Dadurch öffnet sich ein möglicher Angriffsvektor.

Bevor Sie eine Sicherheitsstrategie entwickeln können, müssen Sie die Risiken erkennen und einschätzen können.

Um das Risiko in der Cloud richtig einzuschätzen, sollten Sie das jeweilige Risiko für die Cloud-Anwendung einschätzen können. Die Cloud Security Alliance hat mit der *Cloud Control Matrix* (CCM) [37] anhand von 16 Cloudsicherheitsprinzipien und Best Practices eine Hilfestellung zur Bewertung

---

[37] https://cloudsecurityalliance.org/artifacts/cloud-controls-matrix-v3-0-1/ (abgerufen am 06.09.2019)

von Sicherheitsrisiken eines Cloud-Dienstes in Form einer Excel-Tabelle, bereitgestellt.

Folgende Kategorien werden in einer Matrix bewertet:

- Application and interface security
- *Audit* assurance and compliance
- Business continuity management and operational resilience
- Change control and configuration management
- Data security and information life-cycle management
- Data center security
- Encryption and key management
- Governance and risk management
- Human resources
- Identity and access management
- Infrastructure and virtualization security
- Interoperability and portability
- Mobile security
- Security incident management, e-discovery, and cloud forensics
- Supply chain management, transparency, and accountability
- Threat and vulnerability management

Insgesamt umfasst die Excel-Tabelle einen Fragebogen mit mehr als 300 Fragen zu den unterschiedlichen Cloudsicherheitsmaßnahmen und Best Practices.

> **Praxistipp:**
> Wenden Sie diesen Fragenkatalog auch auf Ihre aktuell genutzte herkömmliche Software in Ihrer Kanzlei/Firma an. Sie werden oftmals feststellen, dass das Risiko bei Ihrer herkömmlichen Software weitaus höher ist als bei zur Verfügung stehenden SaaS-Produkten.

6.5 SOCaaS

Die Zeit des reinen *Perimeter*-Schutzes und der singulären Sicherheitssysteme ist endgültig vorbei. Ein Unternehmen kommt heutzutage um vorgelagerte automatisierte Erkennungsprozesse nicht mehr herum, um sich vor Cyberangriffen zu schützen.

Ein *Security Operations Center* (SOC) ist eine Einrichtung, in der ein Informationssicherheitsteam untergebracht ist, welches für die Überwachung und Analyse der Sicherheitslage eines Unternehmens verantwortlich ist. Das Ziel des SOC-Teams ist es, Cybersicherheitsvorfälle zu analysieren und darauf zu reagieren. Dazu sind diverse Methoden und Werkzeuge wie *Schwachstellenanalysen*, Logdatenanalysen, Netzwerk-Risikoerkennung (auf Basis von Signaturen und Verhalten), Sandboxing und Threat Intelligence notwendig. SOCs sind in der Regel mit Sicherheitsanalysten und -ingenieuren sowie Managern besetzt. Die Mitarbeiter des SOC arbeiten eng mit der IT-Abteilung einer Organisation zusammen, um zu garantieren, dass Sicherheitsprobleme bei ihrer Entdeckung schnell behoben werden (Incident Response). Dieser Service sollte rund um die Uhr zur Verfügung stehen.

Die Verantwortung hinsichtlich der Umsetzung von Maßnahmen aus dem Bereich *Cybersecurity* sollte nicht bei den Administratoren oder der IT-Abteilung eines Unternehmens liegen. Diese sind für den Betrieb der IT zuständig. Der *CISO* (*Chief Information Security Officer*) sollte im engen Kontakt mit dem SOC stehen, da dieser Hauptverantwortlicher für die strategische Ausrichtung im Bereich *Cybersecurity* ist.

Gerade für KMUs ist es nicht praktikabel, ein Team von IT-Sicherheitsexperten, gegebenenfalls auch mit Möglichkeiten der forensischen Analyse, zu beschäftigen. Dazu bietet sich das Modell SOC as a Service in der Cloud möglicherweise als eine valide Option an. Idealerweise wird das SOC als Dienstleistung mit sämtlichen notwendigen Technologien, Prozessen und Experten angeboten.

Hinweis:
Es gibt Anbieter, welche nur die Infrastruktur eines SOC in der Cloud anbieten, ohne die Experten dafür bereitzustellen. Machen Sie sich im Vorfeld bewusst, in welchen Bereichen sie welche Unterstützung benötigen.

Je nach Anbieter ist es üblich, ganze Hardware im eigenen Firmennetzwerk zu verbauen und zu betreiben. Diese sammelt die notwendigen Daten und leitet sie zum Anbieter bzw. zum SOC weiter.

Damit SOC as a Service effektiv genutzt werden kann, benötigt man weiterhin eigenes erfahrenes IT-Sicherheitspersonal, um die Anwendungen richtig zu konfigurieren und die Cyber-Abwehrstrategien zu erarbeiten und besser zu verstehen.

> **Praxistipp:**
> Sie sollten darauf achten, dass es Ihnen möglich ist, die vertraglich festgehaltene Dienstgüte (*Service Level Agreements*) auch überwachen zu können. Der Cloud-Dienst-Anbieter sollte hierfür geeignete Schnittstellen zur Verfügung stellen.

6.6 Best Practices

In diesem Abschnitt werden Best Practices dargestellt, welche das Risiko bei der Nutzung von Cloud-Diensten minimieren.

> **Praxistipp:**
> Sicherheit bei Cloud-Diensten beginnt auf dem Rechner, welcher sich mit dem Dienst verbindet.

Identitätsmanagement

Die Identitäts- und Zugriffsverwaltung bestimmt, auf welche Teile des Cloud Stacks Sie zugreifen können und was Sie tun können, wenn Sie dort sind. Wenn ein Angreifer mit Ihren Anmeldeinformationen auf Ihre Systeme und die Cloud-Dienste zugreifen kann, dann hilft auch keine Zertifizierung der Cloud. Beachten Sie Folgendes:

- Sichere Passwörter: Nutzen Sie lange Passwörter mit einer Kombination aus Buchstaben (groß und klein), Nummern und Symbolen.
- Multi-Faktor-Authentifizierung: Ein starkes Passwort reicht oftmals nicht aus. Nutzen Sie eine weitere Möglichkeit zur Validierung Ihres Zugangs (z.B. *PKI-Verfahren*).
- Möglichst wenig Rechte vergeben: Vergeben Sie für Ihre Konten nur die Rechte bzw. Zugriffmöglichkeiten, welche Sie benötigen, um Ihre Arbeit zu verrichten (*Least Privilege Role*). Somit kann der durch ein gehacktes Konto verursachte Schaden reduziert werden.
- Deaktivieren Sie inaktive oder nicht genutzte Konten.

Rechnersicherheit

Treffen Sie Maßnahmen, um Ihren Computer zu schützen und die Verfügbarkeit von Systemen und Daten sicherzustellen. Beachten Sie Folgendes:

- Härten Sie das Betriebssystem: Deinstallieren Sie unnötige Programme, welche nur Angriffsmöglichkeiten bieten. Updaten Sie Ihr System und Ihre Programme.
- Prüfen Sie Ihr System auf Fehlkonfigurationen: Standard-Passwörter für Fernzugriffe müssen abgeändert werden.
- Verwenden Sie eine *Firewall*: Mit dieser können Sie eingehende, aber auch ausgehende Verbindungen prüfen.

Datensicherheit

Schützen Sie Ihre Daten. Hat ein Angreifer Zugang zu Ihren Daten, kann er diese löschen, manipulieren oder veröffentlichen. Beachten Sie Folgendes:

- Zugriffskontrolle: Stellen Sie sicher, wer Zugriff auf Ihre Daten hat.
- Klassifizierung von Daten: Seien Sie sich dessen bewusst, was für Daten Sie an welchen Orten speichern, sodass es zu keiner Vermischung von Daten unterschiedlicher Relevanz kommt.
- Verschlüsselung: Sie sollten sowohl Ihre Daten selbst verschlüsselt speichern als auch den Übertragungsweg der Daten verschlüsseln.
- Überwachen: Lassen Sie alles mitprotokollieren, sodass nicht autorisierte Zugriffe oder Fehlkonfigurationen sofort erkannt werden können.

Cloudsicherheit

Nachdem Sie Ihre IT geschützt haben, machen Sie das Gleiche für den Cloud-Dienst. Lassen Sie sich gegebenenfalls von Ihrem Anbieter helfen.

7 Mobile Device Security

Mit mobilen Endgeräten (Laptops, Handy und Tablets) verschaffen Sie sich den Vorteil, direkt vor Ort beim Kunden auf Daten zuzugreifen, welche in Ihrer Kanzlei oder in der Cloud gelagert sind. Früher hätten Sie einen entsprechenden Datenträger vorab bespielen müssen und die Daten offline bearbeitet. Doch welche Risiken bringen diese neuen Arbeitsweisen mit sich?

Cyberattacken werden immer häufiger. Bei Smartphones, Tablets und anderen Mobilgeräten, die oft nur unzureichend geschützt sind, haben Hacker besonders leichtes Spiel. Über 3,2 Millionen neue Android-Schädlinge im Jahr 2016 stellten bereits einen Rekord dar, doch die Tendenz ist steigend.

Ohne einen Laptop ist die heutige Arbeit schon nicht mehr vorstellbar. Im Zug oder vor einer Präsentation können Daten noch schnell verändert und angepasst werden. Der Terminkalender wird im Handy verwaltet und synchronisiert sich zwischen allen Arbeitsplätzen ohne Verzögerung. Auf dem Rückweg von der Präsentation können Sie noch Ihre letzten Urlaubsfotos anschauen, während Sie das letzte Mal im Online Banking nach dem Rechten sehen. Ist diese Arbeitsweise sicher? Was droht bei Verlust des Gerätes?

In diesem Kapitel beleuchten wir die Sicherheit beim Einsatz mobiler Geräte.

7.1 Herausforderungen

Mobilität bringt eine Vielzahl von Vorteilen, aber eben auch gewisse Herausforderungen mit sich. Tabelle **Tab. 7.1** vergleicht die Vorteile eines klassischen Office-PCs mit den Herausforderungen bei mobilen Endgeräten.

Desktop-Rechner	Mobiles Gerät
Unlimitierte Bandbreiten	Bandbreiten sind eingeschränkt
Stabile Verbindung	Nicht stabile Verbindungen, kein Empfang
Lokaler technischer Support durch IT	Kein Support vor Ort
IT hat leichten Zugriff auf die Geräte	IT hat keinen Zugriff auf das Gerät
Homogene Systeme	Eine Vielzahl von unterschiedlichen Geräten
Gebäudesicherheit	Verlust durch Diebstahl oder Verlieren

Tab. 7.1 Vergleich von Desktop-Rechnern mit mobilen Endgeräten

Die Sicherheit von mobilen Geräten ist wahrscheinlich die größte Herausforderung für ein Unternehmen. Es drohen Sicherheitsprobleme von Datenschutzverletzungen bis hin zur kompletten Kompromittierung aller IT-Systeme der Kanzlei.

> **Beispiel**
> In der Vergangenheit bedienten sich Apps oft ungefragt an den Daten des Handys, wie Kontaktbuch, SMS und Medien, und sendeten diese Daten an fremde Server.[38]

Ein nicht von der IT-Abteilung verwaltetes Gerät ist in dem Moment unsicher, wenn es das Firmengebäude verlässt. Ohne die nötigen Sicherheitsvorkehrungen und Sicherheitsmaßnahmen stellen mobile Geräte ein hohes Risiko dar. Es müssen Vorkehrungen gegen *Hacker*, *Malware*, Datenverlust, Verlust des Gerätes oder auch Diebstahl getroffen werden.

> **Hinweis:**
> Sicherheit wird immer ein Thema sein – und das Risiko ist noch größer, wenn die Geräte ihre sichere IT-Landschaft, quasi das Firmennetzwerk, verlassen.

Im beruflichen Kontext muss der Nutzer von mobilen Endgeräten gegebenenfalls sein Nutzerverhalten anpassen, welches er von seinen eigenen privaten Endgeräten kennt. Darunter fällt Browserverhalten, WLAN-Nutzung und auch die Nutzung eines firmeneigenen App Stores mit einer eingeschränkten Auswahl an Apps.

> **Hinweis:**
> Wenn Sie es nicht schaffen, die nötige Nutzerakzeptanz zu schaffen, ist das Projekt „Mobile Endgeräte" zum Scheitern verurteilt. Sicherheit bei diesen Geräten kann allein durch die Zusammenarbeit mit dem Nutzer erreicht werden. Andernfalls würden Sie eine Schwachstelle in Ihrer IT-Landschaft nur fördern.

---

[38] https://www.heise.de/ct/artikel/Selbstbedienungsladen-Smartphone-1464717.html (abgerufen am 22.09.2019)

Ihre IT-Abteilung wird Sie selten auf Dienstreisen begleiten, um den reibungslosen Betrieb dieser Geräte sicherzustellen. Ihre Administratoren haben nur beschränkten Zugriff auf mobile Endgeräte. Es muss sichergestellt werden, wie Sie z.B. von unterwegs Support erhalten. Des Weiteren sollte das Patchmanagement und der Remote-Zugriff auf die Geräte sichergestellt werden.

Bevor wir jedoch über Lösungen im Detail reden, haben wir noch eine relativ aktuelle und wachsende Herausforderung bei dem Einsatz von mobilen Geräten. Die Rede ist von *Bring Your Own Device* (*BYOD*). Das bedeutet, dass die Mitarbeiter die Möglichkeit haben, ihre privaten Geräte beruflich zu Nutzen. Dieser Trend wächst aktuell stetig. Bevor Sie den Gedanken an private IT im Firmennetz gleich verwerfen, lassen Sie uns Ihnen einen entscheidenden Hinweis geben.

> **Hinweis:**
>
> Nutzen die Mitarbeiter schon ihre private IT, obwohl es nicht erwünscht ist? Wie schnell sind die E-Mails mit dem Handy abgerufen oder ein Termin im privaten Kalender eingetragen?
>
> *BYOD* ist schon lange im Geschäftsalltag angekommen. In den IT-Sicherheitskonzepten sollte BYOD auch geregelt werden.

Tabelle **Tab. 7.2** zeigt Vorteile und Nachteile von BYOD-Lösungen auf.

Vorteile	Nachteile
Zufriedenheit der Mitarbeiter steigt	Umfangreiche, intelligente BYOD Policy für höchstmöglichen Schutz sensibler Unternehmensdaten
Produktivität der Mitarbeiter steigt	Eventuell keine ausreichende Kontrolle über die verwendeten privaten Mobilgeräte sowie die darauf genutzten geschäftlichen Daten
Die Anschaffungskosten für Mobilgeräte sinken	Unter Umständen mehr technische Probleme
Möglichkeit, flexibler zu arbeiten (Außendienst, Home-Office)	Unter Umständen zeit- und kostenintensivere Verwaltung der privaten Endgeräte als angenommen (nicht unterstützte Geräte)
Kürzere Einarbeitungszeiten, da die Technik bereits bekannt ist	

Tab. 7.2 Vor- und Nachteile von BYOD[39]

---

[39] https://www.gdata.de/tipps-tricks/bring-your-own-device (abgerufen 23.09.2019)

Mit den richtigen Maßnahmen können Sie das Risiko, welches von mobilen Geräten ausgeht, deutlich reduzieren. Auch BYOD-Ansätze müssen kein Risiko sein, sondern können als Chance genutzt werden. Mobile Geräte verlangen nach einem durchdachten *Mobile Device Management* (*MDM*).

7.2 Mobile Device Management

Die Aufrechterhaltung der Zuverlässigkeit und Sicherheit von Daten im mobilen Einsatz kann sehr herausfordernd sein. Kapitel 7.1 verdeutlicht, weshalb ein Bedarf an *Mobile Device Management* notwendig, aber auch sinnvoll ist.

MDM kann ein Konzept sein, welches sich in Ihrem IT-Sicherheitskonzept widerspiegelt und die Sicherheitsmaßnahmen von mobilen Endgeräten regelt. Zusätzlich können MDM-Lösungen auch durch verschiedene Software-Produkte abgebildet werden. Folgende Punkte sollten Sie in Ihrer MDM-Lösung beachten:

Support für verschiedene Systeme

Bieten Sie Support für verschiedene Systeme an. Der Nutzer sollte die Möglichkeit haben, sich im Sinne einer hohen Nutzerakzeptanz zwischen verschiedenen Geräten entscheiden zu können. Die meisten MDM-Softwarelösungen unterstützen sowohl iOS als auch Android-Systeme.

Konfigurationsmanagement

Beachten Sie, dass verschiedene Anwender gegebenenfalls unterschiedliche Konfigurationen benötigen. Der Wirtschaftsprüfer benötigt andere Apps als der Administrator. Kein Nutzer sollte selbst in den Systemeinstellungen und Einstellungen der Apps Änderungen vornehmen müssen, um Anwendungen zum Laufen zu bringen.

> **Praxistipp:**
> Bieten Sie je nach Einsatzzweck unterschiedliche Konfigurationen an. Nutzer neigen dazu, ihnen zur Verfügung gestellte IT zu „erkunden".

Monitoring

Das Unternehmen sollte wissen, wie viele und welche Geräte es im Einsatz hat.

> **Hinweis:**
> Es gibt Software-Lösungen, welche auch den Ort des Geräts überwachen. Prüfen Sie vorab, inwiefern die Nutzung dieser Funktion datenschutzkonform ist.

Zusätzlich sollten Meldungen der ausgerollten Schutzmaßnahmen protokolliert und ausgewertet werden.

Echtzeitschutz

Heruntergeladene Apps sollten auf schädliche Komponenten geprüft werden. Zusätzlich müssen die Aktivitäten im Browser geschützt sein.

Diebstahlschutz

Das MDM sollte im Falle des Verlustes oder Diebstahls bestimmte Vorkehrungen treffen, bspw. eine *Vollverschlüsselung* des Gerätes mit Komplettlöschung nach einer bestimmten Anzahl von falschen Pin-Eingaben.

Datenverlust

Ein Gerät kann nicht nur verloren gehen oder gestohlen werden. Auch ein Defekt der Speichermedien kann zu Datenverlust führen. Bei der von Ihnen gewählten MDM-Lösung sollte eine Backup-Strategie vorhanden sein. Dies sollte nicht zum Aufgabenbereich des Nutzers gehören.

Lizenzen

Beachten Sie, dass es durch den Einsatz zusätzlicher mobiler Geräte zu höheren Lizenzkosten der genutzten Software kommen kann. Einige MDM-Softwarelösungen bieten hier integrierte Übersichten und Funktionalitäten an, um Lizenzen zu verwalten.

> **Hinweis:**
> Überdenken Sie Ihr vorhandenes Lizenzmodell, gegebenenfalls lohnt sich der Umstieg auf ein „Pay per Use"-Modell. Viele Cloud-Dienste bieten dieses Modell an, sodass Sie nicht für jedes einzelne Gerät zahlen.

App-Filter

MDM-Lösungen bieten oftmals auch App-Filter an, welche den Nutzer daran hindern, bestimmte Apps zu installieren. So kann bspw. eine App wie WhatsApp bei falscher Nutzung zu Datenschutzvergehen[40] führen.

Support

Die IT-Abteilung muss auch bei dem *BYOD*-Ansatz die verwendeten Geräte in Ihrer IT-Landschaft kennen. Wenn auch nicht für das Gerät selbst (beim BYOD-Ansatz), sollte es Support für die verwendete Software geben. Kommerzielle MDM-Lösungen bieten oft Remote-Management-Programme für IT-Support.

Bandbreite

Das wahrscheinlich noch größte Problem bei dem Einsatz von mobilen Endgeräten. Der Nutzer muss wissen, welche Dienste auch bei geringer Bandbreite noch vorhanden sind, und welche Dienste (z.B. Synchronisation von großen Daten) bei besserer Bandbreite vorbereitet werden müssen. Lediglich bei *Voice-over-IP-Diensten* kann es zu Einschränkungen kommen.

Mobile Device Management ist ein elementarer Schritt auf dem Weg zum sicheren Einsatz von mobiler IT. Doch MDM ersetzt nicht den sicheren Umgang mit der IT und die Schulung der Nutzer.

7.3 Sicherheit bei mobilen Geräten

In diesem Abschnitt stellen wir Ihnen einige praxisnahe Maßnahmen vor, welche bei dem Betrieb mobiler Endgeräte beachtet werden müssen. Bitte erachten Sie die folgende Aufzählung nicht als vollständig.

1. Installieren Sie Antiviren- und Antimalware-Programme. Diese schützen Sie zwar nicht gegen Zero-Days, aber gegen Apps mit schadhaftem Code. Auch kostenlose Apps von Herstellern wie Avira, Bitdefender oder McAfee bieten einen soliden Grundschutz. Zusätzlich bieten Antivirenprogramme auch oftmals einen Webschutz für den Browser mit an.

---

[40] https://www.e-recht24.de/artikel/datenschutz/11023-whatsapp-auf-firmenhandy-nach-dsgvo-erlaubt-oder-nicht.html (abgerufen 23.09.2019)

> **Praxistipp:**
> Bleiben Sie bei Produkten namhafter Hersteller und achten Sie auf die Bewertungen im App Store. Es gibt zahlreiche Adware-Komponenten, welche sich bspw. als Malware Removal Tools ausgeben.

> **Hinweis:**
> Das Betriebssystem iOS von Apple schützt nicht automatisch vor Gefahren. Jede App im App Store von Apple wird zwar geprüft, aber das ist kein Garant für sichere Apps.

2. Installieren Sie nur notwendige Apps. Räumen Sie von Zeit zu Zeit auf und löschen nicht benötigte Apps. Achten Sie zusätzlich auf die Berechtigungen der einzelnen Apps und vergeben diese restriktiv.

> **Beispiel**
> Eine Taschenlampen-App braucht keine Berechtigung, um auf die Kontakte zuzugreifen.

3. Ein aktuelles Betriebssystem bietet wenig Angriffspunkte, daher sind Updates für Ihr System und Ihre Applikationen stets notwendig. Da oft nur aktuelle Geräte die neusten Updates und Sicherheits-Patches bekommen, bietet sich hier der Austausch des Geräts an.
4. Verschlüsseln Sie Ihr System und machen Sie regelmäßige Backups. Es gibt nichts Schlimmeres als das unwohle Gefühl, zu wissen, dass jemand anderes bei Verlust des Gerätes auf die Daten zugreifen könnte.
5. Vertrauen Sie nicht darauf, dass sich die App um Transportsicherheit bemüht. Nutzen Sie Technologien wie bspw. *Virtual Private Networks* (VPN), um Ihre Verbindungen abzusichern. Zusätzlich hat dies den Vorteil, dass Verbindungen mühelos mitprotokolliert werden können. Schadhafte Verbindungen (mit bekannten Botnetzen) können sofort erkannt und geblockt werden.

> **Praxistipp:**
> Nutzen Sie WLAN nur im äußersten Notfall und nur bei Ihnen bekannten Hotspots. Auf gar keinen Fall nutzen Sie frei zugängliche WLAN-Netze. Datentarife sind heutzutage günstiger als früher, machen Sie sich das zu nutzen.

6. Achten Sie darauf, von wem Sie E-Mails öffnen. Öffnen Sie keine Nachricht von jemandem, dessen Namen Sie nicht kennen, insbesondere wenn die E-Mail einen Anhang enthält.

8 Internet of Things

Während Sie diese Sätze lesen, ist im Durchschnitt das Internet of Things (*IoT*) um 150 neue Geräte gewachsen. Das sind 61.500 neue Geräte pro Stunde, 1,5 Millionen pro Tag. Laut einer Studie von Gartner[41] sollen im Jahr 2020 20,6 Milliarden Geräte mit dem IoT verbunden sein, das sind mehr Geräte, als es Menschen auf unserem Planeten gibt. Cisco[42] zufolge beträgt die Anzahl 50 Milliarden, während Morgan Stanley[43] sogar von 75 Milliarden Geräten ausgeht. Egal wem man glaubt, es werden in Zukunft viel mehr Geräte als heute sein.

IoT ist ein Begriff, welcher überall zu lesen ist. Auf Verpackungen von Glühbirnen, Thermometern und sogar von Waschmaschinen findet sich das Wort IoT wieder. Doch welche Geräte gehören zum Internet of Things?

8.1 Definition vom Internet der Dinge

Bei Google erscheinen bei der Suchanfrage „Definition Internet of Things" knapp 1.350.000 Ergebnisse, wenn die Suche nach „Seiten auf Deutsch" eingeschränkt wird. Es scheint, als habe jeder seine eigene Definition vom Internet der Dinge.

> *„Internet of things – The* **interconnection** *via the* **Internet** *of* **computing devices** *embedded in* **everyday objects***, enabling them to* **send** *and receive* **data**.*" – Oxford English Dictionary*

Das Oxford English Dictionary definiert das *IoT* als alltägliche Objekte, welche miteinander kommunizieren. Diese Definition beschreibt das Internet der Dinge sehr genau. Zusätzlich findet eine Abgrenzung zu dem Begriff *„Industrie 4.0"* (vernetzte Industrieanlagen, oder auch *IoT* Industry) statt, welcher besser als Intranet der Dinge beschrieben werden kann. Je nachdem, welche Definition man anwendet, ist der Übergang zwischen IoT und Industrie 4.0 fließend. Aus IT-Sicherheitssicht sollten keine Industriepro-

---

[41] https://www.gartner.com/imagesrv/books/iot/iotEbook_digital.pdf (abgerufen am 22.09.2019)
[42] https://www.cisco.com/c/dam/en_us/about/ac79/docs/innov/IoT_IBSG_0411FINAL.pdf (abgerufen am 22.09.2019)
[43] https://www.businessinsider.com/75-billion-devices-will-be-connected-to-the-internet-by-2020-2013-10?IR=T (abgerufen am 22.09.2019)

duktionsanlagen ans Internet direkt angeschlossen werden, sie entsprechen somit nicht der Definition des IoT nach Oxford.

Top-10-IoT-Geräte 2019[44]:

- Google Home
- Amazon Echo
- Amazon Dashbutton
- August Türklingel-Kamera
- August Smart-Schloss
- Kuri Mobile Robot
- Belkin WeMo-Smart-Lichtschalter
- Footbot Luftqualitätssensor
- Plume Labs Luftverschmutzungssensor
- Nest Rauch- und CO2-Melder

Diese Liste gibt einen kleinen Überblick, um welche Geräte es sich handelt. Auffällig ist hier, dass vermehrt *Smart-Home-Geräte* dem IoT zugerechnet werden.

8.2 Herausforderungen bei der Nutzung von IoT

Der Begriff *IoT* ist immer wieder in den Schlagzeilen, wenn es um *Distributed-Denial-of-Service-Angriffe* geht. Das *Mirai-Botnetz* ist ein klassisches Beispiel für die Gefahr, welche von IoT-Geräten ausgehen kann.

Durch eine stetig wachsende Anzahl der verbundenen Geräte wird die Möglichkeit erhöht, Sicherheitslücken auszunutzen. Das Hacken von Babyphones, intelligenten Kühlschränken, Barbie-Puppen, Infusionspumpen, Kameras und sogar Sturmgewehren[45] ist ein Alptraum für die Sicherheit in unserem Alltag. Hinzu kommt, dass die Geräte oft Sicherheitslücken aufweisen oder auch Sicherheitsfehler im Design verzeichnet sind. Die Angriffe auf Herzschrittmacher[46] zeigen uns, dass der medizinische Nutzen bei der Entwicklung im Vordergrund stand und Sicherheit nur nebensächlich war.

---

[44] https://www.softwaretestinghelp.com/iot-devices (abgerufen am 22.09.2019)
[45] https://www.dailymail.co.uk/sciencetech/article-3179854/US-military-s-smart-rifle-HACKED-Security-researchers-remotely-change-weapon-s-target-disable-scope.html (abgerufen am 25.09.2019)
[46] https://www.thedailybeast.com/how-your-pacemaker-will-get-hacked (abgerufen am 22.09.2019)

„Smarte" Geräte sammeln fleißig unsere Daten. Oftmals werden sie zur Auswertung zurück zum Hersteller geschickt, sodass dort die Rechenpower genutzt werden kann. Hierbei kann es sich um Daten handeln, von denen wir nicht wissen, dass wir sie teilen (z.B. schicken manche Saugroboter Skizzen der Wohnungen zurück[47]). Es können aber auch höchst persönliche Daten sein, wie bspw. Gesundheitsdaten, welche eine „Smart Watch" sammelt und in Clouds speichert.

Gegenwärtig verlassen wir uns auf das zentrale Server/Client-Paradigma, um verschiedene Knoten in einem Netzwerk zu authentifizieren, zu autorisieren und zu verbinden. Dieses Vorgehen ist ausreichend für aktuelle IoT-Ökosysteme, an denen Dutzende, Hunderte oder sogar Tausende von Geräten beteiligt sind. Aber wenn Netzwerke auf Milliarden und Hunderte von Milliarden von Geräten anwachsen, werden zentral vermittelte Systeme zu einem Engpass. Auch 5G (spezialisiert auf *Maschinen-zu-Maschinen-Kommunikation*) bietet hier keine direkte Lösung.

IoT wächst und mit ihm auch die verschiedenen Technologien. Heutzutage haben wir ZigBee, Z-Wave, WLAN und Bluetooth Low Energy, welche alle um die Stellung als Hauptübertragungstechnologie zwischen Gerät und Hub (Zugangspunkt zum Firmennetzwerk/Internet) konkurrieren. Standardisierungen in der Maschinen-zu-Maschinen-(M2M-) Kommunikation gibt es kaum. Dies könnte in Zukunft zu weiterer Inkompatibilität zwischen Geräten führen.

8.3 Chancen für IoT

IoT wird uns auch weiter in der Zukunft beschäftigen. Die Vorteile, welche das IoT mit sich bringt, sind nicht von der Hand zu weisen. Sei es in der Medizin, im Haushalt oder auf der Straße, überall findet eine Vernetzung alltäglicher Objekte statt.

Die Sicherheits-Technologien, um das IoT sicher zu gestalten, sind vorhanden, jetzt müssen sie von IoT-Entwicklern genutzt werden.

---

[47] https://www.kaspersky.com/blog/xiaomi-mi-robot-hacked/20632 (abgerufen am 22.09.2019)

9 Maßnahmenevaluation

Jede Absicherungsmaßnahme sollte nach der Umsetzung/Implementierung, und bestenfalls in regelmäßigen Abständen danach, auf Effektivität und wenn nötig Effizienz getestet werden. Dabei kann sich diese Evaluation auch über das eigene Produktportfolio erstrecken.

Hierzu bieten sich grundsätzlich verschiedene Ansätze an. Der Einfachheit halber unterteilen wir diese Ansätze in zwei Kategorien: *Audits* und technische Prüfungen.

Bevor wir mit der Darstellung der beiden Ausprägungen beginnen können, müssen allerdings noch ein paar Begriffe erläutert werden.

9.1 Grundbegriffe der Maßnahmenevaluation

9.1.1 Testobjekt (Scope) und Tester

Als Testobjekt oder Scope wird im Folgenden alles bezeichnet, was – nach Maßgabe des Auftraggebers – auf *Schwachstellen* geprüft werden oder anderweitig in das Evaluationsverfahren einfließen soll. Als Testobjekt kommen sowohl Einzelsysteme wie auch ganze IT-Infrastrukturen/Systemverbunde, (Teil-)Organisationen oder Schnittstellen zwischen solchen in Frage. Weiterhin können auch Software oder einzelne Softwareanteile (bspw. Schnittstellen) getestet werden.

Tester ist die Entität, die mit der Evaluation betraut wird. Hierbei kann es sich um Software (techn. *Schwachstellenanalyse*/siehe unten), externe Dienstleister oder interne Dienstleister handeln.

9.1.2 White/Blue/Red Team

Bei der Durchführung einer Evaluation werden in der Regel mindestens zwei verschiedene Teams gebildet, die im Wesentlichen die Rollenverteilung eines realen Angriffs nachbilden. Die verschiedenen Teams werden nach ihrer Art und Aufgabe einer Farbe zugeordnet. Es wird zwischen einem *White Team*, einem *Blue Team* und einem *Red Team* unterschieden.

Diese Einteilung wird bei automatisierten Tests (technische *Schwachstellenanalyse*, siehe Kapitel 9.3.1) und *Audits* (Audits, siehe Kapitel 9.2) in der

Regel nicht vorgenommen. Selbst bei der Durchführung einfacher Penetrationstests (*Penetrationstest*, siehe Kapitel 9.3.2) wird dies selten praktiziert.

Ist absehbar, dass der Test hingegen komplexer werden könnte, so ergibt die oben genannte Unterteilung durchaus Sinn. Es existiert allerdings kein Zwang, wenngleich sie immer häufiger umgesetzt wird.

Wie **Abb. 9.1** zeigt, beauftragt das White Team ein Red Team mit dem Test und gibt den Scope vor. Das Red Team testet, gemäß der im Scope vereinbarten Ziele/Maßnahmen, das Blue Team. Das Blue Team reagiert auf die Tests des Red Teams.

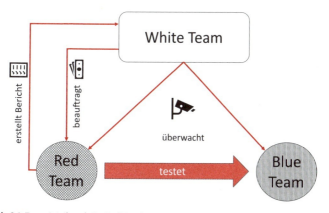

Abb. 9.1 Teameinteilung beim Red Teaming

Während der gesamten Testphase überwacht das White Team das Blue und das Red Team, wobei Letzteres angehalten ist, das White Team über Einzelmaßnahmen rechtzeitig zu unterrichten sowie über schwerwiegende Schwachstellen (je nach Vereinbarung) unverzüglich zu informieren. Stellt das White Team technische Probleme, eine Überlastung des Blue Teams oder andere Unregelmäßigkeiten – die eine Gefahr bspw. für den Produktivbetrieb darstellen – fest, kann das White Team jederzeit eingreifen und den Test unterbrechen oder andere Teilziele priorisieren.

Am Ende erhält das White Team vom Red Team einen Abschlussbericht mit Details über:

– Durchgeführte Tests
– Identifizierte Mängel

- Risikobewertung und Priorisierung der Mängel
- Anhaltspunkte für die Mängelbeseitigung

Die Klassische Einteilung ist also:

White Team: Kontrollorgan/Schiedsrichter

Blue Team: Verteidiger

Red Team: Angreifer

Darüber hinaus spricht man häufig von einem *Purple Team*. Dabei handelt es sich der Idee nach um eine Mischung aus Red und Blue Team. Bei einem guten Engagement sollte das Red Team, zumindest nach Abschluss aller Maßnahmen, das Blue Team betreuen und die gefundenen Angriffswege und Schwachstellen (detailliert und technisch) im Zuge von Workshops gemeinsam nachvollziehen. Bei einem Purple Team steht dem Blue Team ein Mitglied des Red Teams über den gesamten Evaluationszeitraum zur Seite und unterstützt das Blue Team bei der Interpretation und Bewältigung der verschiedenen Angriffsszenarien.

9.1.3 White/Black/Grey Box

Die Abstufung *White*, *Black* und *Grey Box* beschreibt den Umfang der Kenntnis (des Testers) über das Testobjekt.

White Box Test: Der Tester verfügt über alle Informationen über das Testobjekt (bspw. Netzpläne).

Black Box Test: Der Tester verfügt über keine Informationen über das Testobjekt.

Grey Box Test: Der Tester verfügt über wenige Informationen über das Testobjekt.

Praxistipp:
Es sollte vorab gründlich festgestellt werden, welche Ausprägung (Black, White oder Grey Box Test) erforderlich ist, um das gewünschte Ergebnis zu erhalten. Je weniger Informationen ein Tester über das Testobjekt erhält, desto kostspieliger wird der Test, da der Tester ggf. Zeit für weitere Recherchen aufwenden muss. Anderseits verliert der Test bei Bereitstellung aller Informationen möglicherweise an Aussagekraft,

> da einem potenziellen Angreifer normalerweise nicht alle Informationen vorliegen. Je nach Scope kann das somit die gesamte Evaluation gefährden. In den meisten Fällen genügt allerdings ein *White Box Test*. Ein *Black Box Test* ist in der Regel nur für *Red Teaming* (siehe Kapitel 9.3.3) oder Softwaretests interessant.

9.1.4 Double-Blind/Blind/Targeted

Für die Evaluation kann es relevant sein, dass nur bestimmte Personengruppen über das Vorhaben informiert werden. Gemäß der in Kapitel 9.1.2 genannten farblichen Zuteilung ist zumindest stets ein White Team im Sinne eines Auftraggebers, Verantwortungsträgers und Ansprechpartners vorhanden und über alle Einzelmaßnahmen informiert.

Möchte man einen möglichst realistischen Angriff simulieren, so läuft es auf einen Double-Blind Test hinaus. Dabei werden weder das Red Team noch das Blue Team mit Informationen versorgt. Es handelt sich demnach aus Sicht des Red Teams um einen *Black Box Test* und aus Sicht des Blue Teams um einen vermeintlich realen Angriff.

Bei einem einfachen Blind Test wird nur eine Seite über das Vorhaben informiert. Üblicherweise wird hierbei das Blue Team informiert und das Red Team vollzieht einen *Black Box Test*. Dennoch sind durchaus Szenarien denkbar, in denen es sinnvoll sein kann, das Red Team anstelle des Blue Teams zu informieren. Insbesondere wenn das Ziel ein bereits implementiertes Computer Emergency Response Team oder ein Security Operations Center ist und dort die jeweiligen Kompetenzen und Prozesse geprüft werden sollen.

Die dritte Möglichkeit beschreibt eine enge Zusammenarbeit zwischen dem Blue und dem Red Team. Beide Seiten verfügen über alle erforderlichen Informationen und können sich auf den Test adäquat vorbereiten.

Es ist schwer, pauschal festzulegen, welcher Ansatz der beste ist. Jeder Test sollte individuell bewertet und ausgeplant werden.

Am Ende des Tests werden etwaige Informationssperren aufgehoben und alle Seiten über die Geschehnisse in Kenntnis gesetzt. Wie bereits beschrieben, wird das Red Team spätestens am Ende der Testphase mit dem Blue Team gemeinsam über die Erkenntnisse/Ergebnisse reden und Mängel, so sie erkannt wurden, abstellen.

> **Praxistipp:**
> Auch wenn ein Double-Blind Test den mit Abstand realistischsten Rahmen für einen Test bildet, so ist er zugleich des kostspieligste und unberechenbarste. Weder wird das Red Team zu Beginn des Tests Aussagen über den Verlauf und somit die Dauer des Tests machen können, noch ist absehbar, ob das Blue Team mit der Mehrbelastung umzugehen weiß. Ein erfolgreicher Angriff kann häufig nicht gewährleistet werden. Es wird daher empfohlen, diese Art von Test nicht bei einer erstmalig durchgeführten Evaluation einzusetzen.

9.1.5 Methodik/Angreifermodell

Das Vorgehen bei einem *Penetrationstest* oder einem *Red Teaming* lässt sich in verschiedene Phasen unterteilen. Dabei müssen nicht zwingend jedes Mal alle Phasen durchlaufen werden. So wird bei einfachen *Penetrationstests* in der Regel auf die erste und letzte Phase verzichtet (häufig spielt auch Phase 4 keine Rolle mehr).

Abb. 9.2 zeigt die 5 Phasen des vereinfachten Vorgehensmodells.

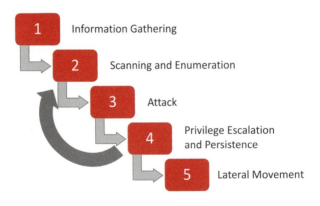

Abb. 9.2 Vereinfachtes 5-Phasen-Vorgehensmodell eines Penetrationstests

Phase 1: Information Gathering

Bevor die technische Prüfung (oder der simulierte Angriff) gegen das zuvor gemeinsam mit dem Auftraggeber definierte Testobjekt beginnt, kann es erforderlich sein, weitere Informationen einzuholen. Insbesondere wenn ein *Black Box Test* vereinbart wurde, ist diese Phase zum Teil entscheidend für den Erfolg des Tests. Welche Informationen hierbei eine Rolle spielen, hängt stark von der Ausprägung des Tests und dem vereinbarten Scope ab. Tabelle **Tab. 9.1** gibt einen kurzen Überblick, welche Informationen für welchen Einsatzzweck relevant sein könnten und wo sie zu finden sind:

Beschreibung	Einsatz	Quellen
Systeminformationen	Identifikation möglicher Einstiegspunkte, Angriffsvorbereitungen	Stellenausschreibungen, Veröffentlichungen im Internet, Kooperationen (Microsoft etc.)
Kontaktinformationen, Personen, Standorte, Unternehmensstruktur	*Social Engineering*	Stellenausschreibungen, Foren, Soziale Medien, Online-Dienste
Zulieferer, Konkurrenten	Social Engineering	Foren, Soziale Medien, Konferenzen, Publikationen Firmenwebseiten
Geschäftsfelder (kritische Fähigkeiten/Prozesse)	Identifikation möglicher Einstiegspunkte	Firmenwebseite, Registereinträge
IP-Adressen	Identifikation möglicher Einstiegspunkte	Firmenwebseiten, Who-is-Abfragen[48]

Tab. 9.1 Phase 1: Information Gathering

Die Tabelle erhebt keinen Anspruch auf Vollständigkeit. Die Phase Information Gathering setzt neben den Tabelle **Tab. 9.1** aufgelisteten Standardmaßnahmen vor allem auf die Kreativität des Angreifers. Die Zusammenführung vieler Erkenntnisse aus *Open- und Closed-Source-Quellen* führt schnell zu einem relativ umfassenden und detaillierten Lagebild. Sie werden erstaunt sein, was sich selbst über Ihre eigene Kanzlei alleine aus öffentlichen Quellen zusammentragen lässt. Das Ganze ist auch hier – ganz im Sinne von Aristoteles – mehr als die Summe seiner Teile.

Phase 2: Scanning and Enumeration

Phase 1 gilt als sogenannte passive Informationsgewinnung. Passiv, weil hierbei keine unmittelbare, d.h. auffällige Interaktion mit dem Testobjekt erforderlich ist. In der folgenden aktiven Informationsgewinnung ändert sich dies. Beim Scannen und Enumerieren kann es nun durchaus passieren, dass der Tester die Aufmerksamkeit des Blue Teams weckt.

---

[48] Zum Beispiel über https://www.denic.de/webwhois/ (abgerufen am 10.09.2019)

Scannen und Enumerieren bedeutet hierbei, dass der Tester versucht, alle PCs, Server, Dienste, Applikationen (inkl. Webseiten) oder sonstigen Geräte, die zuvor aufgeklärt wurden, zu erreichen und Schwachstellen (bspw. bei Fund einer verwundbaren Softwareversion) zu identifizieren.

Sofern Schwachstellen identifiziert werden konnten, kann der Tester nun damit beginnen, auf Referenzsystemen passende Angriffsvektoren zu entwickeln. Dabei geht es darum, auf einer eigenen Spielwiese den Angriff so lange zu perfektionieren, bis er mit einer niedrigen Aufdeckungswahrscheinlichkeit auf dem Zielsystem funktioniert. Da dies alles in einer parallelen Welt des Angreifers stattfindet, wird damit quasi ein Universalschlüssel für das Schließsystem gefräst, ohne dass das Blue Team zu diesem Zeitpunkt etwas davon mitbekommen könnte.

Phase 3: Attack

In dieser Phase versucht der Tester, sich über die in Phase 2 identifizierten Schwachstellen Zugriff auf das Testobjekt zu verschaffen. Ist dies erfolgreich, beginnt er, sofern noch im Scope, erneut mit Phase 2, dieses Mal jedoch bspw. gegen Server, die in abgeschirmten Bereichen der DMZ liegen. Analog zum Ansatz der *Layered Security* arbeitet sich der Angreifer dabei mit einem iterativen Vorgehen durch die Sicherheitskonzeption.

Phase 4: Privilege Escalation and Persistence

Wenn Sie Ihr System gut konfiguriert haben, laufen Dienste mit eingeschränkten Systemrechten. Dies bedeutet für den Tester unter Umständen, dass er diese vorab über weitere Schwachstellen eskalieren muss.

Darüber hinaus schafft sich der Tester, sofern zulässig, weitere Zugangspunkte, indem er eigene Programme, sog. *Backdoors*, auf dem übernommenen System installiert und versucht, sich zu verstecken.

Phase 5: Lateral Movement

Sofern im Scope und für die Zielerreichung erforderlich, beginnt der Tester nun mit dem Fortbewegen innerhalb der zu testenden Umgebung. Ausgehend von dem bereits übernommenen Server, nutzt er die im zweiten Durchgang der Phase 2 (innerhalb der *DMZ*) erkannten Schwachstellen, um erneut über Phase 3 und 4, wie in Phase 3 beschrieben, Zugang zu einem weiteren System zu erlangen.

Abb. 9.3 verdeutlicht noch einmal das Vorgehen exemplarisch an einem Test gegen eine DMZ.

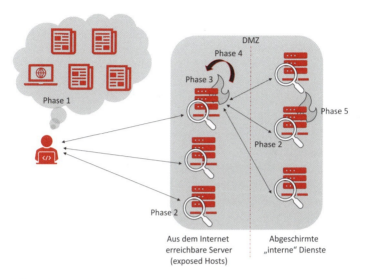

Abb. 9.3 Exemplarisches Vorgehen eines Tests an einer DMZ

Ein weiteres, etwas anders strukturiertes Modell, welches der Vollständigkeit halber an dieser Stelle genannt werden soll, ist die Lockheed Martin *Cyber Kill Chain*[49]. Mitre[50] ergänzte diese Cyber Kill Chain und stellt mit dem Mitre ATT&CK Rahmenwerk[51] eine umfangreiche Übersicht aller Phasen, inklusive detaillierter Informationen darin stattfindender Einzelmaßnahmen, bereit.

9.2 Audits

Nachdem nun die Grundbegriffe geklärt wurden, werden in den folgenden Kapiteln die verschiedenen Evaluationskategorien dargestellt. Dabei beginnen wir mit dem *Audit*.

---

[49] https://www.lockheedmartin.com/en-us/capabilities/cyber/cyber-kill-chain.html (abgerufen am 10.09.2019)
[50] https://www.mitre.org/ (abgerufen am 29.09.2019)
[51] https://attack.mitre.org/matrices/pre/ (abgerufen am 29.09.2019)

Das wohl beherrschende Instrument dieser Kategorie ist die Checkliste. Ziel einer solchen Evaluation ist in erster Linie der Nachweis, ob Maßnahmen, häufig gemäß einem zugrunde liegenden Standard (in Deutschland überwiegend ISO 27001/BSI-Grundschutz, siehe Kapitel 4.1 sowie 4.2), umgesetzt wurden. Nicht selten konzentrieren sich Audits auf organisatorische Maßnahmen, insbesondere umgesetzte Prozesse.

> **Hinweis:**
> Sie werden mit Audits niemals feststellen, ob Ihre Maßnahmen so ausgebracht sind, dass Sie optimal geschützt sind. Dazu müssen die eingesetzten Maßnahmen technisch betrachtet werden.

Dies führt in der Praxis regelmäßig dazu, dass Audits die konforme Umsetzung aller erforderlichen Maßnahmen bescheinigen, in der Praxis jedoch geradezu Scheunentore offenstehen. Die trügerische gefühlte Sicherheit führt darüber hinaus in der Geschäftsführungsebene zu einem noch sorgloseren Umgang mit dem Themenfeld der IT-Security.

> **Beispiel**
> Woran es der Erfahrung nach hierbei jedoch häufig mangelt, ist eine detaillierte Betrachtung der tatsächlich umgesetzten Maßnahme.
>
> Der Standard, für den Ihr Unternehmen auditiert werden soll, gibt vor, dass *Firewalls* an den jeweiligen Netzgrenzen (*Perimeter*) zu implementieren sind. Selbst wenn diese Firewalls schlecht oder gar nicht konfiguriert sind, wird das Audit positiv verlaufen, ungeachtet der Tatsache, dass diese Maßnahme an sich völlig wirkungslos ist.

9.3 Technische Prüfungen

Im Folgenden unterscheiden wir drei Ausprägungen einer technischen Prüfung, die technische *Schwachstellenanalyse*, den *Penetrationstest* und das *Red Teaming*.

> **Hinweis:**
> Um einen falschen Eindruck zu vermeiden, sollte vorab klargestellt werden, dass die hierbei vorgenommene Unterteilung keine allgemeine Gültigkeit besitzt. Es handelt sich um den Standpunkt der Autoren und

kann unter Umständen in anderen Quellen anders aufbereitet worden sein. Dabei verschieben sich allerdings in der Regel nur die Grenzen zwischen den einzelnen Ausprägungen. Die Ursache hierfür ist, dass zum einen keine scharfen Abgrenzungsmerkmale existieren, zum anderen jedoch viele Unternehmen aus Marketinggründen angefangen haben, diese Begriffe gleichzusetzen und mit ihnen zu werben, ohne dabei Rücksicht auf deren eigentliche Bedeutung zu nehmen.

Auch wenn eine klare und allgemein gültige Abgrenzung nicht möglich ist, so werden diese Bezeichnungen und die damit einhergehenden verschiedenen Ideen/Ausprägungen regelmäßig genutzt, weswegen auch wir uns dieser Unterteilung bedienen.

Praxistipp:
Wenn Sie Dienstleistungen einkaufen, achten Sie insbesondere auf den Umfang des Angebots. Die Erfahrung zeigt, dass der bloße Name (bspw. Red Teaming) keinen hinreichenden Anhalt für das dahinterstehende Produkt liefert. Ein genauer Blick in die Leistungsbeschreibung lohnt sich.

Im Anschluss an die Darstellung der Maßnahmen erfolgt eine Zusammenfassung in Tabellenform mit Anhaltspunkten hinsichtlich etwaiger Voraussetzungen.

9.3.1 Technische Schwachstellenanalyse

Die technische *Schwachstellenanalyse* basiert in erster Linie auf dem automatisierbaren Einsatz einer Analysesoftware (*Schwachstellenscanner*).

Der Schwachstellenscanner ermittelt hierzu alle Dienste bzw. Programme, die auf einem IT-System laufen, sowie deren Versionsstände. Anschließend gleicht der Schwachstellenscanner diese mit einer Liste bekannter Schwachstellen – wie z.B. der Common-Vulnerabilities-and-Exposures-Datenbank (*CVE*-DB[52]) ab. Weiterhin prüft der Schwachstellenscanner, ob Standardpasswörter im Einsatz sind. Teilweise wird darüber hinaus auf fehlerhafte Konfigurationen geprüft.

---

[52] Abrufbar zum Beispiel unter https://cve.mitre.org (abgerufen am 09.09.2019)

> **Hinweis:**
> Es kommt vor, dass Schwachstellenscanner gefundene Schwachstellen zu Verifikationszwecken ausnutzen. Ja nach Schwachstelle und Beschaffenheit des zu testenden Systems kann es vorkommen, dass betriebliche Unregelmäßigkeiten auftreten. Viele Schwachstellenscanner verfügen daher über spezielle Modi, die, auf Kosten des Analyseergebnisses, solche Probleme vermeiden. Sollten sich Systeme merkwürdig verhalten oder andere Sicherheitsbausteine (bspw. *Firewall*, *IDS/IPS*) Alarm schlagen, ist die Konfiguration des Schwachstellenscanners zu prüfen.

> **Praxistipp:**
> Microsoft stellt für Windows-Server-Infrastrukturen eigene Werkzeuge zum Teil kostenfrei zur Verfügung. Sofern die Möglichkeit besteht, sollte dennoch zusätzlich mit einem komplementären Schwachstellenscanner geprüft werden.

Wie bereits dargestellt, können Schwachstellenscanner nur jene Schwachstellen identifizieren, die bereits bekannt sind. Dies ist insbesondere dann nachteilig, wenn in der eigenen IT-Infrastruktur eine große Zahl selbstentwickelter Software im Einsatz ist.

Ungeachtet des o.g. Nachteils stellt der Schwachstellenscanner, abhängig von der Konfiguration des Schwachstellenscanners und etwaiger zusätzlicher Netzwerkgrenzen, in aller Regel zumindest einen guten Überblick über alle Systeme innerhalb der eigenen IT-Infrastruktur bereit. Da eine solche Maßnahme nur wenig administrativen Aufwand mit sich bringt, ist sie gut dafür geeignet, regelmäßig automatisiert über die eigene Infrastruktur zu laufen und dem IT-Verantwortlichen einen stets aktuellen Blick in sein Netzwerk zu ermöglichen.

> **Praxistipp:**
> Auch wenn die Möglichkeiten eines Schwachstellenscanners in manchen IT-Infrastrukturen sehr beschränkt sind, so lohnt es sich dennoch, über die Anschaffung nachzudenken. Die Option der Automatisierung dieses Analyseverfahrens bietet neben einer kontinuierlichen Schwachstellenüberwachung vor allem den Vorteil, dass dem IT-Verantwortlichen stets ein aktueller Überblick über sein Verantwortungsbereich zur Verfügung steht.

Eine kostengünstige Lösung, um eine regelmäßige technische Schachstellenanalyse in der eigenen Kanzlei/im eignen Unternehmen umzusetzen ist OpenVAS (siehe Kapitel 10.3.4). Auch wenn Sie die Software problemlos vom Hersteller beziehen können, sollten Sie sich bei der Einrichtung von Fachpersonal unterstützen lassen.

9.3.2 Penetrationstest

Die nächste Ausprägung ist der *Penetrationstest*. Hierbei wird seitens des Auftraggebers einem entsprechenden Dienstleister oder bei entsprechender Unternehmensgröße ggf. auch einem unternehmenseigenen Team ein Zugang zum Testobjekt bereitgestellt.

Penetrationstests werden in der Regel als *White Box Test* in enger Zusammenarbeit mit dem Blue Team durchgeführt. Ein Penetrationstester kann daher auf die im Vorgehensmodell vorgestellten Phasen 1 und 5 (und, sofern nicht im Scope, auch 4) verzichten.

Bei einem Penetrationstest geht es in erster Linie um die Härtung eines bestimmten Systems oder einer bestimmten Software. Inwiefern der Test dabei dem Verhalten eines Angreifers ähnelt, spielt eine nachgeordnete Rolle. Allein aus Kosten-/Zeitgründen und zu Gunsten des Testergebnisses sollten dem Penetrationstester nach Möglichkeit alle erforderlichen Informationen sowie betreiberseitige Ansprechpartner bereitgestellt werden.

Die Ziele sind hierbei ähnlich der technischen *Schwachstellenanalyse*. Auch bei einem Penetrationstest erfolgt die Feststellung und Bewertung einer Schwachstelle nicht selten anhand einer Liste bekannter Schwachstellen (vgl. technische Schwachstellenanalyse). Darüber hinaus besitzen Penetrationstester, anders als *Schwachstellenscanner*, allerdings die nötige Kreativität, um auch bspw. selbstentwickelte Software zu testen. Penetrationstests werden daher häufig vor einer Produkteinführung durchgeführt, um sicherzustellen, dass das Produkt und die dazugehörigen Schnittstellen keine Schwachstellen enthalten.

> **Hinweis:**
> Mit einem Penetrationstest geht nicht zwingend eine Quellcodeanalyse eines Produkts einher. Eine solche Dienstleistung (oft Code Review genannt) muss gesondert beauftragt werden und ist in der Regel auch entsprechend teurer. Inwiefern dies überhaupt erforderlich ist, muss im Einzelfall – ggf. gemeinsam mit dem Dienstleister – geprüft werden.

> **Praxistipp:**
> Denken Sie oder einer Ihrer Kunden über die Einführung eines Produkts nach, sollten Sie Zeit und Kapital einplanen, um das Produkt vorab einem Penetrationstest zu unterziehen.

Das Ergebnis eines Penetrationstests ist als Momentaufnahme zu verstehen. So kann es vorkommen, dass nach einem durchgeführten Penetrationstest neue Schwachstellen erkannt werden, die in einem Zusammenhang mit dem einstigen Testobjekt stehen. In diesem Fall sollte der Penetrationstest, wenn auch mit Fokus auf die neuen Schwachstellen, wiederholt werden. Falls Sie darüber hinaus auch Eigenentwicklungen im Einsatz haben, sollten Sie bei umfangreicheren Überarbeitungen und neuen Releases auch hierfür entsprechende Gelder für Tests einplanen. Generell ist *Cybersecurity* ein sehr dynamisches Arbeitsfeld, was bedeutet, dass es nicht schaden kann, regelmäßig über die Durchführung eines Penetrationstests nachzudenken.

9.3.3 Red Teaming

Die letzte Ausprägung, das *Red Teaming*, kann gewissermaßen als erweiterter *Penetrationstest* verstanden werden. Im Idealfall ist ein solcher Test als *Black Box Test* ausgelegt und weder das Red Team noch das Blue Team sind mit den Details vertraut. Der gesamte Test wird somit von einem zuvor festgelegten White Team, welches Einsicht in beide Bereiche (Angriff und Verteidigung) hat, koordiniert. Das Red Team erhält lediglich einen generisch gehaltenen Auftrag (bspw. Einbruch in das Firmennetzwerk) oder konkrete Ziele (Übernahme bestimmter Datenbankserver).

Inzwischen wird der bislang als rein digital verstandenen Penetrationstest um Komponenten aus der realen Welt erweitert. Dadurch rücken nun auch *Social Engineering* und der Test der physischen Sicherheit mit in den Fokus.

Ziel ist also die Simulation eines möglichst realen Angriffs und das Prüfen aller Schutzvorkehrungen, inkl. Maßnahmen zur Detektion und Prävention, sowie aller involvierten Prozesse und, sofern im Rahmen des Krisenmanagements vorgesehen, entsprechender Eskalationsschritte. Theoretisch kann man hierbei bis zum Herunterfahren eigener Server und/oder zum Ausweichen auf Ersatzstandorte gehen.

Hinweis:
Anders als bspw. bei einem Penetrationstest zur Einführung eines Produkts, lebt ein Red Teaming davon, dass das firmeneigene IT-System bereits über eine längere Zeit betrieben wurde. Neben Konfigurationsfehlern, die sich aus dem alltäglichen Betrieb ergeben, ist es wichtig, dass das Personal, welches mit dem Betrieb vertraut ist, ebenfalls bereits länger etabliert ist.

Ein solcher Test wäre unter den genannten idealtypischen Rahmenbedingungen kostspielig, weswegen häufig auf einzelne Aspekte verzichtet wird. So wird in der Regel eher ein *Grey Box Test* ausgeplant, bei dem zumindest das Red Team mit den nötigsten Informationen versorgt wird. Ziel ist das Aussparen der Phase 1 des Vorgehensmodells. Das White Team behält das Blue Team im Auge und reguliert auf Basis des Blue-Team-Verhaltens die Intensität des Tests.

Das Red Team wird, sofern so vereinbart, mit allen einem Angreifer zur Verfügung stehenden Mitteln versuchen, das Ziel zu erreichen. Es ist daher durch das White Team unmissverständlich festzulegen, welche Maßnahmen in Ordnung sind, und welche nicht. So wird in der Praxis häufig auf die Simulation von *Social Engineering* und die Durchführung von „*Denial of Service*"-Angriffen verzichtet.

9.4 Zusammenfassung: Maßnahmenevaluation

	Audit	Technische Schwachstellenanalyse	Penetrationstest	Red Teaming
Ziel	Compliance	Identifikation aller technischer Schwachstellen (Standardsoftware)	Identifikation aller technischer Schwachstellen (zzgl. eigenentwickelter Software)	Identifikation von technischen und menschlichen Schwachstellen, sowie Fehlern in Prozessen und Abläufen
Mittel	Checkliste	CVE-Liste	Manuelle Tests auf Basis einer CVE-Liste und Kreativität des Testers	Manuelle Tests gem. Angreifermodell; Softwareanalysen (Reversing); Exploitentwicklung
Dauer	wenige Tage	dauerhaft	wenige Wochen	mehrere Monate
Scope (üblich)	Checkliste	Gesamtes Netzwerk	Einzelsysteme, Netzsegmente	Kanzlei / Unternehmen (Kronjuwelen[53])
Besonderheit	standardisiert	automatisierbar	Transparent für Blue Team und Management	Verdecktes Vorgehen
Kosten	gering	keine/gering	mittel	hoch
Aufwand Tester	gering	gering	mittel	hoch
Aufwand Auftraggeber[54]	gering	gering	gering	hoch
Effizienz (technisch)	gering	mittel	mittel	hoch

Tab. 9.2 Zusammenfassung Maßnahmenevaluation

Wie schon in der Einführung zu diesem Kapitel erwähnt, gibt es im Grunde keine scharfen Grenzen zwischen den unterschiedlichen technischen Prüfungen. Für Sie als Wirtschaftsprüfer oder Steuerberater ist es dennoch sinnvoll, ein Gefühl dafür zu bekommen, welche Maßnahmen existieren und welches Ziel man mit diesen Maßnahmen verfolgt.

---

[53] Als Kronjuwelen werden häufig besonders schützenswerte Informationen oder Systeme bezeichnet. Das Ziel eines Red Teaming ist es häufig an diese Informationen zu gelangen.
[54] Kann auch als Aufwand des Blue Teams im Zuge der Testvor- und -nachbereitung verstanden werden.

10 Open Source Security Software

Seit Jahren existiert ein Streit zwischen Open Source und Closed Source hinsichtlich der Frage, welcher Ansatz sicherer sei. In diesem Kapitel werden wir State-of-the-Art-Open-Source-Lösungen vorstellen, welche vielleicht eine Alternative zu den Ihnen bekannten kommerziellen Security-Software-Lösungen sind.

Eine Open Source Software ist eine Software mit einer Lizenz, die dem Benutzer der Software mehrere Rechte einräumt, die kommerzielle Softwarelizenzen nicht besitzen. Die Idee des freien Zugriffs auf den Quellcode einer Software ist nicht neu. Sie existiert bereits, seit es Computersoftware gibt. Open Source als Begriff hat jedoch mehrere Bedeutungen. Die Entwicklung von Open Source kann in drei Phasen unterteilt werden:

1. Gratis-Software
2. Open Source
3. Kommerzielle Open Source Software

In der ersten Phase entstand die Idee der freien Software. 1985 hatte die Free Software Foundation (FSF) die Idee, Software solle bei der Entwicklung und Nutzung frei sein. FSF will das Softwaregeschäft so verändern, dass die von FSF definierten Grundfreiheiten gesichert werden. Die von der FSF erstellte GPL(General-Public-License)-Lizenz ist ein wesentliches Instrument, um dieses Ziel zu erreichen.

In der zweiten Phase wurde der Begriff Open Source geprägt. Dabei wurden die ethischen Freiheitsgrundsätze beiseitegeschoben und Unternehmen, der dezentrale Softwareentwicklungsprozess und die offene Zusammenarbeit von Softwareentwicklern in den Vordergrund gerückt. Zu diesem Zeitpunkt wurde 1998 die Open Source Initiative (OSI) gegründet. Diese erließ Open-Source-Lizenzen und führte eine Liste dieser Lizenzen, um die umfassende Unterstützung des Softwaregeschäfts zu erhalten. Um diese Lizenzen herum bildete sich eine wachsende Community von Entwicklern.

In der dritten Phase fand die Kommerzialisierung von Open Source Software statt. Open Source hat insbesondere das Ziel, die Kosten zu senken und die Entwicklungsgeschwindigkeit zu erhöhen. Typische Phänomene sind Mixed-Source-Produkte, die sowohl Open- als auch Closed-Source-Technologien verwenden und Software als Dienstleistung anbieten (diese Idee ist auch unter dem Akronym SaaS aus Kapitel 6 bekannt). Die dritte Phase begann im Jahr 2005.

10.1 Definition von Open Source

Im Allgemeinen bezieht sich Open Source auf jedes Programm, dessen *Quelltext* zur Verwendung oder Änderung zur Verfügung gestellt wird, wie es Benutzer oder andere Entwickler für richtig halten. Open Source Software wird in der Regel in der Gemeinschaft entwickelt und frei verfügbar gemacht. Sie weist weder eine Standarddefinition auf, noch gilt Open Source als juristischer Begriff. Wie oben erwähnt, wurden die Begriffe Freie Software und Open Source in den 80er Jahren von der Organisation Free Foundation Software bzw. 1998 von der Open Source Initiative (OSI) ins Leben gerufen.

Im Wesentlichen weisen die Konzepte Open Source und Freie Software keine gravierenden Unterschiede auf. Beide bauen auf den gleichen Grundfreiheiten in Bezug auf Nutzung, Kopieren, Bearbeiten und Verarbeitung auf. Trotzdem findet die OSI-Definition mehr Anwendung in der Geschäftswelt. Nach der Definition der Open Source Initiative[55] muss Open Source Software die folgenden Kriterien erfüllen:

1. **Freie Weitergabe**
   Die Lizenz darf niemanden daran hindern, die Software zu verkaufen oder sie mit anderer Software zusammen in einer Software-Distribution weiterzugeben. Die Lizenz darf keine Lizenzgebühr kosten.

2. **Verfügbarer Quelltext**
   Der Quelltext der Software muss für alle Nutzer verfügbar sein.

3. **Abgeleitete Arbeiten**
   Die Lizenz muss von der Basissoftware abgeleitete Arbeiten und deren Distribution unter derselben Lizenz wie die Basissoftware erlauben.

4. **Integrität des Autoren-Quelltexts**
   Die Lizenz muss explizit das Verteilen von Software erlauben, die auf einer modifizierten Version des Original-Quelltexts beruhen. Die Lizenz kann verlangen, dass solche Änderungen zu einem neuen Namen oder einer neuen Versionsnummer der Software führen und dokumentiert

---

[55] https://opensource.org/osd (abgerufen 23.09.2019)

werden müssen. Die Lizenz darf verlangen, dass Änderungen am Programm nur verteilt werden dürfen, wenn hierzu der Quelltext offen ist.

5. **Keine Diskriminierungen von Personen oder Gruppen**
   Die Lizenz darf einzelnen Personen oder Gruppen die Nutzung der Software nicht verweigern, z.B. den Bürgern eines bestimmten Staates.

6. **Keine Nutzungseinschränkung**
   Die Lizenz darf den Verwendungszweck der Software nicht einschränken, z.B. kein Ausschluss militärischer oder kommerzieller Nutzung o.Ä.

7. **Lizenzerteilung**
   Die Lizenz muss für alle Nutzer gültig sein, welche die Software erhalten, ohne dass z.B. eine Registrierung oder eine andere Lizenz erworben werden muss.

8. **Produktneutralität**
   Die Lizenz muss produktneutral gestaltet sein und darf sich z.B. nicht auf eine bestimmte Distribution beziehen.

9. **Die Lizenz darf andere Software nicht einschränken**
   Sie darf z.B. nicht verlangen, dass sie nur mit Open Source Software verbreitet werden darf.

10. **Die Lizenz muss Technologie-neutral sein**
    Sie darf z.B. nicht verlangen, dass die Distribution nur via Web/CD/DVD verteilt werden darf.

Open-Source-Software-Programmierer können tatsächlich Geld für die Software verlangen, die sie erstellen. Da es je nach Situation lukrativer ist, Geld für Softwaredienste und Supportleistungen, anstatt für die Software selbst zu verlangen, hat auch dieser Markt unter Open-Source-Programmierern großen Anklang gefunden. Auf diese Weise bleibt ihre Software kostenlos und sie verdienen Geld damit, anderen bei der Installation, Verwendung und Fehlerbehebung zu helfen.

Obwohl Open Source Software weiterhin kostenlos ist, können Programmier- und Fehlerbehebungskenntnisse für manche Menschen von großem Wert sein. Viele Arbeitgeber stellen speziell Programmierer mit Erfahrung im Umgang mit Open Source Software ein.

10.2 Open vs. Closed

Die Diskussion, ob nun Open oder Closed Source sicherer ist, existiert schon seit geraumer Zeit. Folgende Positionen existieren bei dieser Diskussion:

Bei Open-Source-Projekten hat jedermann Einsicht auf den Quelltext und kann mitwirken. Im Gegensatz dazu gibt es Closed-Source-Projekte, bei denen die Einsicht des Quelltextes einem Disclosure Agreement unterliegt und nur bestimmtes Personal Zugriff auf diesen hat. „Da mehr Menschen Zugriff auf den Quelltext haben, wird die Wahrscheinlichkeit erhöht, dass Sicherheitslücken gefunden werden", nutzen Verfechter von Open Source gerne zur Untermauerung ihrer Position.

Beispiele wie *Heartbleed*[56] jedoch haben gezeigt, dass es in der Realität nur sehr wenige Menschen gibt, welche die Fähigkeit haben, Schwachstellen in Software zu erkennen.

„Da der Quelltext bei Open-Source-Projekten einsehbar ist, könnten Hacker die Sicherheitsmaßnahmen umgehen", behaupten Verfechter von Closed Source. Richtig implementierte Sicherheitsmaßnahmen sind nicht unsicher, nur weil ihre Implementierung bekannt ist, da die Sicherheit, z.B. im Falle der Kryptografie vom Schlüssel und nicht von dem Verfahren ausgeht (Kerckhoffs Prinzip[57]). Anderes verhält sich hierzu die Philosophie *Security by Obscurity*[58], welche Sicherheit durch Geheimhaltung des Quelltextes erhalten möchte.

Fest steht, dass es sowohl bei Closed Source als auch bei Open Source schlecht gepflegte Software-Projekte gibt. Somit kann per se nicht gesagt werden, welcher Ansatz sicherer ist.

10.3 Open-Source-Projekte

Im folgenden Abschnitt möchten wir Ihnen fünf Open-Source-Projekte vorstellen, welche die Sicherheit in der kanzlei-/firmeneigenen IT ohne Einsatz großen Kapitals erhöhen können.

---

[56] http://heartbleed.com (abgerufen 24.09.2019)
[57] http://kryptografie.de/kryptografie/kerckhoffs-prinzip.htm (abgerufen 24.09.2019)
[58] http://kryptografie.de/kryptografie/security-by-obscurity.htm (abgerufen 24.09.2019)

> **Praxistipp:**
> Bevor Sie Open Source Software produktiv einsetzen, schauen Sie sich den öffentlich zugänglichen Quelltext an. Dieser verrät Ihnen, ohne dass Sie Programmierkenntnisse haben müssen, wann der Quelltext das letzte Mal aktualisiert wurde. Dies kann Aufschluss darüber geben, ob ein Software Projekt noch weiterentwickelt wird.

10.3.1 pfSense

Auf dem Markt gibt es aktuell viele verschiedene Open-Source-*Firewall*-Lösungen. Wir möchten hier pfSense[59], als einen etablierten Kandidaten, vorstellen.

Bei pfSense handelt es sich um eine *Firewall*. Es ist möglich, diese Open Source Lösung auf handelsüblicher IT Hardware sowie auf vom Hersteller Netgate vertriebener Hardware, zu installieren. Zusätzlich werden virtuelle Instanzen angeboten, welche auch in der Cloud als IaaS, vorgestellt in Kapitel 6, ausgerollt werden können. Konfiguriert wird die Firewall über eine Weboberfläche. Das Projekt pfSense bietet dabei folgende Features an:

- Firewall
- Routing-Funktionalitäten
- Virtual Private Network
- Intrusion Prevention System
- Logging

Es handelt sich um eine vollwertige Firewall, welche sich nicht vor kommerziellen Konkurrenten verstecken muss. Der Quelltext ist offen und wird aktiv weiterentwickelt. Für die *Intrusion-Detection*-Fähigkeiten, wie vorgestellt in Kapitel 5.1.2, setzt pfSense auf Snort, ein weiteres Open-Source-Projekt.

10.3.2 Snort

Snort[60] ist ein Open Source Intrusion Detection System (*IDS*). Mit einigen Erweiterungen wird Snort zum *Intrusion Prevention System* (*IPS*) und kann mittels zuvor definierter Regeln auf Netzwerk-Anomalien reagieren.

---

[59] https://www.pfsense.org (abgerufen 24.09.2019)
[60] https://www.snort.org (abgerufen 24.09.2019)

Falls Sie sich tiefer mit Einbruchserkennung beschäftigen möchten, empfehlen wir Ihnen das Buch Snort, Acid & Co[61].

Snort wird von Cisco gepflegt und weiterentwickelt. Das IDS Snort ist in der Lage, den Netzwerkverkehr in Echtzeit zu analysieren. Dabei werden Netzwerkpakete mit protokolliert, sodass Ursprung, Ziel und Inhalt ausgewertet werden können. Der Ursprung eines Pakets kann bereits Hinweise auf böswillige IP-Adressen (z.B. bekannte Botnetze) geben. Die *IPS*-Funktionalitäten würden diese Verbindungen bei Entdeckung unterbinden. Zusätzlich hat Snort die Möglichkeit, die gesammelten IP-Pakete auf der Protokollschicht zu analysieren, mit dem Zweck, Anomalien zu erkennen. Hierbei wird der Inhalt der IP-Pakete ausgewertet.

Das Herzstück von Snort stellen die bereits angesprochenen Regeln dar, auf Basis derer das System die besagten Netzwerk-Anomalien entdeckt. Diese liegen entweder als kostenlose Community-Version vor oder können bei verschiedenen Anbietern erworben werden. Zusätzlich besteht die Möglichkeit, diese Regeln an nutzerbasierte Ereignisse anzupassen oder gar selbst zu erstellen.

Hinweis:
Eine Intrusion Detection mit Snort ist nur so gut wie die definierten Regeln. Ein neuer Trend ist es, Machine-Learning-Algorithmen zusammen mit klassischen IDS einzusetzen. Hier wäre das Open-Source-Projekt OPNids[62] zu nennen.

10.3.3 Graylog

Bei Graylog[63] handelt es sich um eine zentralisierte Logmanagement-Lösung. Graylog *SIEM* vereint Echtzeit-Monitoring und Langzeit-Auswertung von Logs für Analyse- und Reporting-Zwecke.

Ein Angreifer, der das System gehackt hat, würde auch versuchen, die Systemlog-Dateien zu manipulieren oder zu löschen, um seine Spuren zu verwischen. Wenn der Administrator jedoch einen externen Log Server verwendet, geraten die Dateien mit geringerer Wahrscheinlichkeit in die

---

[61] http://www.fosdoc.de/downloads/OSP_heinlein-bechtold_snort.pdf (abgerufen 24.09.2019)
[62] https://www.opnids.io (abgerufen am 24.09.2019)
[63] https://www.graylog.org (abgerufen am 24.09.2019)

Hände von Hackern und können auch nach einem Angriff weiterhin analysiert werden.

Jeder Dienst legt eigene Log-Daten ab, welche ständig überwacht werden müssen, dabei sind die Dienste oftmals auf verschiedene Server verteilt. Mit der Anzahl der Dienste steigt auch die Masse der Log-Daten und das Risiko, sicherheitsrelevante Einträge zu übersehen. Kommerzielle SIEM-Produkte (vgl. Kapitel 5.2.6) skalieren in der Regel mit der Anzahl der Logs und werden schnell zu einem hohen Kostenfaktor.

Um diesen Herausforderungen zu beggnen, bietet Graylog eine Open-Source-Plattform für die Verwaltung und Analyse gesammelter Logs. Es basiert auf Produkten wie Elasticsearch, MongoDB und Scala. Dabei empfängt Graylog die Log-Daten von verschiedenen IT-Systemen (*Firewalls*, Server, Client-Rechner) und bereitet sie im Sinne eines Lagebildes auf.

Graylog ist unter der GNU General Public License lizenziert und erfordert keine Lizenzgebühren.

10.3.4 OpenVAS

Das 2006 ins Leben gerufene Open-Source-Projekt Open Vulnerability Assessment Scanner (OpenVAS[64]) ist ein vollautomatisierter *Schwachstellenscanner* (Kapitel 3.2.2 und 9.3.1). Entwickelt wurde der Scanner durch die deutsche Firma Greenbone Networks aus Osnabrück.

Die Bedienung erfolgt über die Weboberfläche von OpenVAS (Greenbone-Security-Assistent). Von da aus können neue Schwachstellenscans konfiguriert werden. Es können unterschiedliche Prüftiefen konfiguriert werden, sodass Produktivsysteme gegebenenfalls nicht im Betrieb gestört werden.

OpenVAS erstellt für den Nutzer umfangreiche Prüfberichte. Schwachstellen können schnell erkannt und Sicherheitsmaßnahmen eingeleitet werden[65].

---

[64] http://openvas.org (abgerufen 24.09.2019)
[65] https://www.bsi.bund.de/DE/Themen/Cyber-Sicherheit/Tools/OpenVAS/OpenVAS.html (abgerufen 24.09.2019)

Die Firma bietet zusätzlich zu dem Open-Source-Projekt auch ein kommerzielles Produkt namens Greenbone an. Dieses Produkt wird als komplette Hardware oder auch virtuelle Instanz angeboten.

>
> **Hinweis:**
> Ein *Schwachstellenscanner* erzeugt ähnliche Log-Dateien auf getesteten Servern wie Hacker. Klären Sie den Einsatz eines solchen Scanners mit den IT-Verantwortlichen Ihrer Kanzlei/Firma ab, sonst herrscht sehr schnell Panik.

10.3.5 OnlyOffice

Bei OnlyOffice[66] handelt es nicht direkt um eine Security Software. Es handelt sich um eine Alternative zu Microsoft Office 365. OnlyOffice ist ein Cloud Office, das alle gängigen Dokument-, Tabellenkalkulations- und Präsentationsdateiformate unterstützt.

Die Software wird entweder auf der kanzlei-/firmeneigenen IT betrieben oder gegebenenfalls auch in einer *privaten Cloud* als *SaaS*. Damit verbleiben die Daten in der Kanzlei/Firma bzw. an bekannten Standorten der privaten Cloud.

Zusätzlich zu den Office-Funktionalitäten bietet OnlyOffice noch Customer-Relationship-Management-Module, Dokumentenmanagement, E-Mail- und Kalender-Funktionen.

---

[66] https://www.onlyoffice.com (abgerufen 24.09.2019)

11 Business Continuity Management

Wir sind in diesem Werk nun detailreich darauf eingegangen, wie eine Kanzlei oder auch eine andere Organisation so abgesichert werden kann, dass das Eintreten von Worst-Case-Szenarien deutlich unwahrscheinlicher wird. Nichtsdestotrotz ist es wichtig, einen Schritt weiter zu denken und sich mit den Fragen auseinanderzusetzen, die im Ernstfall über den Fortbestand des Unternehmens entscheiden können.

In Zeiten zunehmender Digitalisierung sowie der Kriminalisierung des *Cyberraumes* wird es wahrscheinlicher, dass Sie trotz großer Umsicht und entsprechender Präventionsmaßnahmen (vgl. Kapitel 3, 5 und auch 9) Opfer eines Angriffs werden. Dies soll kein Schreckensszenario an die Wand malen, dem Sie im Zweifel hilflos gegenüberstehen, sondern lediglich das Bewusstsein schaffen, dass dieser Fall eintreten kann.

Abseits von allen technischen und organisatorischen Maßnahmen wird es Ihnen primär darum gehen, Ihre Organisation (z.B. Ihre Kanzlei) möglichst ohne nachhaltige Schäden durch dieses Fahrwasser zu manövrieren. Genau darum geht es beim Thema Business Continuity Management.

Öffentlich gewordene Fälle der Verbreitung von *Ransomware* haben eindrücklich gezeigt, wie einfacher Schadcode, der lediglich Dateiinhalte am Arbeitsplatzrechner und im Firmennetzwerk verschlüsselt, Unternehmen in den Bankrott getrieben hat.

In diesem Kapitel wird aufgezeigt, wie der Umgang mit einem zumindest teilweise erfolgreichen Angriff aussehen kann. Dazu werden neben einer grundlegenden Definition der gängigsten Begriffe einige denkbare Szenarien entwickelt, wie etwaige Angriffe zu einer Bedrohung werden und wie gute Vorkehrungen für eine Reaktion aussehen können.

> **i**
> **Hinweis:**
> Wir wollen uns in diesem Praxisleitfaden mit einem Überblick über mögliche Bedrohungen auseinandersetzen, die im Zusammenhang mit dem Thema Cybersicherheit auftreten. Eine umfassende Betrachtung sämtlicher Risiken würde zu weit führen und ist in den etablierten Standards bereits abgebildet.

11.1 Definitionen und Einordnung

Um Anknüpfungspunkte zum Thema Business Continuity Management zu schaffen, werden zunächst die gängigen Begriffe *Störung*, *Notfall*, *Krise* und *Katastrophe* im Rahmen einer Definition eingegrenzt und in einen Zusammenhang mit Cybersicherheit gebracht.

Business Continuity Management (BCM)

Business Continuity Management ist ein ganzheitlicher Managementprozess, der potenzielle Bedrohungen einer Organisation identifizieren soll, der Rahmenbedingungen schafft und bereithält, die zur Fortführung der kritischen Geschäftsprozesse beim Eintritt eines Notfalls erforderlich sind, und der die Ausfallsicherheit der Geschäftsprozesse erhöht und sie belastbarer gegen störende Einflüsse macht.

Das Business Continuity Management stützt sich dabei auf vier Stufen:

- Störung
- Notfall
- Krise
- Katastrophe

Störung

Eine Störung ist eine Situation, in der Prozesse oder Ressourcen einer Institution nicht wie vorgesehen funktionieren. Die dadurch entstehenden Schäden sind als gering einzustufen.

Störungen treten in Organisationen regelmäßig auf und können im Rahmen routinierter Abläufe abgearbeitet werden. Zu einer Störung zählt bspw. schon der kurzfristige Ausfall der Telekommunikationsverbindungen einer Gesellschaft, sodass diese für einen kurzen Zeitraum für Kunden oder Mandanten nicht mehr erreichbar ist. Der Telekommunikationsanbieter wird die Störung im Rahmen der vertraglich vereinbarten Widerherstellungszeiten in aller Regel zügig beheben und die Mitarbeiter der Gesellschaft können ihre Arbeit nach kurzer Unterbrechung ohne große Einschränkungen fortsetzen.

Anders sähe dies ggf. bei einer weiträumigen und andauernden Störung aus, die die eben genannte Organisation ggf. für Tage oder Wochen vom Netz trennt. Da hier in der Regel vereinbarte Wiederherstellungszeiten (siehe **Abb. 11.2**) überschritten werden und z.B. ein Dienstleistungsbetrieb dadurch längerfristig beeinträchtigt wird, würde man bereits von einem Notfall sprechen.

Notfall

Ein Notfall ist ein Schadensereignis, bei dem Prozesse oder Ressourcen einer Institution nicht wie vorgesehen funktionieren. Die Verfügbarkeit der entsprechenden Prozesse oder Ressourcen kann innerhalb einer geforderten Zeit nicht wiederhergestellt werden. Der Geschäftsbetrieb ist stark beeinträchtigt.

Gegebenenfalls verstreichen hierdurch bereits wichtige Fristen, der Versand von Prüfberichten verzögert sich, die Kommunikation mit Behörden gerät ins Stocken und ggf. trennen sich sogar Kunden oder Mandanten aufgrund von Vertrauensverlust. Merkmal eines Notfalls ist, dass er den Geschäftsbetrieb bereits stark beeinträchtigt. Durch gewisse Notfallmaßnahmen (z.B. postalischer Versand von Dokumenten oder die Schaffung einer Alternativverbindung über das Mobilfunknetz) können für diese Art von Fällen entsprechende Maßnahmen in Form eines Notfallplans bereits vorab geplant und dann nur noch aus der Schublade gezogen und abgearbeitet werden.

> **Praxistipp:**
> Da zur Bewältigung eines Notfalls vor allem das Budget und die Legitimation, Ausgaben für Ausweichmaßnahmen zu tätigen elementar sind, sollten hierzu jederzeit – auch in Urlaubs- und Vertretungsphasen – Regelungen und die notwendigen Zugriffe bestehen. Diese Regelungen sollten im späteren Schritt „Regelung von Verantwortlichkeiten" mitbedacht werden.

Tritt ein Ereignis ein, das sich nicht im Rahmen eines durchplanbaren Vorgehens abhandeln lässt, spricht man bereits von einem krisenähnlichen Zustand oder einer Krise.

Krise

Unter einer Krise wird eine vom Normalzustand abweichende Situation verstanden, die trotz vorbeugender Maßnahmen im Unternehmen bzw. der Behörde jederzeit eintreten und mit der normalen Aufbau- und Ablauforganisation nicht bewältigt werden kann. Das Krisenmanagement wird aktiv. Für die Bewältigung existieren keine Ablaufpläne, sondern lediglich Rahmenanweisungen und -bedingungen. Ein typisches Merkmal einer Krise ist die Einmaligkeit des Ereignisses.

Besonderes Merkmal einer Krise ist, dass hierfür im Vorfeld nur der grobe Rahmen geregelt werden kann. In der Regel beinhaltet dieser Rahmen u.a.:

- Verantwortlichkeiten
- Verhaltensregeln
- Meldewege
- Ggf. eine Eskalationsstrategie
- Prioritätensetzung (auch im Sinne der Priorisierung der Geschäftsprozesse)
- Benachrichtigungslisten für externe und interne Stellen

Alle weiteren Schritte müssen situativ entschieden werden, da sich sowohl Vor- und Umgebungsbedingungen als auch der Verlauf einer Krise von Mal zu Mal erheblich unterscheiden. Eine Krise kann unter anderem auch entstehen, wenn es kriminelle und professionell agierende Angreifer auf eine Organisation abgesehen haben. Da das Vorgehen eines Angreifers ggf. ähnlich wie das in Kapitel 9.1.5 bzw. Kapitel 9.3.3 skizzierte *Red Teaming* abläuft, wird der Vorfall vermutlich auch erst bemerkt, wenn der Angriff bereits in einem fortgeschrittenen Stadium angekommen ist.

Da bei einem professionellen Angriff in jedem Einzelfall individuelle Angriffsvektoren identifiziert werden und darauf aufbauend jeweils ein Vorgehen bestimmt wird, handelt es sich bei einem gezielten Angriff in der Regel um ein auf die Zielorganisation zugeschnittenes Vorgehen und damit um eine einmalige Vorgehensweise.

Zuletzt soll der Vollständigkeit halber noch auf den Begriff der Katastrophe eingegangen werden.

Katastrophe

Eine Katastrophe ist ein Großschadensereignis, das zeitlich und örtlich kaum begrenzbar ist und großflächige Auswirkungen auf Menschen, Werte und Sachen hat oder haben kann. Die Existenz der Institution oder das Leben und die Gesundheit von Personen sind gefährdet. Auch das öffentliche Leben wird stark beeinträchtigt. Eine Katastrophe kann nicht ausschließlich durch die Institution selbst behoben werden. Durch die geographische Ausbreitung einer Katastrophe und die Auswirkungen für die Bevölkerung ist insbesondere auch der Katastrophenschutz gefordert. Dies ist in Deutschland eine Aufgabe der Länder, die durch den Bund unterstützt und ergänzt werden. Aus der Sicht einer Institution stellt sich eine Katastrophe als Krise dar und wird intern durch die Notfallbewältigung der Institution in Zusammenarbeit mit den externen Hilfsorganisationen bewältigt.

Diese Definition ist zugegebenermaßen etwas allgemeingültig. Ein Schadensereignis ohne örtlich-geographische Begrenzung wird z.B. in einer Kanzlei- und Wirtschaftsprüfungsgesellschaft nicht ausbrechen. Je nach Deutung der Definition wird jedoch bereits von einer Katastrophe gesprochen, wenn eine Organisation mehrere Niederlassungen hat und alle Niederlassungen betroffen sind. Ebenso kann ein von einem Angriff betroffener Cloud-Dienst einer freieren Auslegung der Definition entsprechen, wenn sich andere Dienstleistungen auf ihn abstützen.

Die strenge Auslegung des Katastrophen-Begriffs führt für diesen Praxisleitfaden deutlich zu weit. Organisationen, die in der Folge einer organisationsinternen Krise zu einem Großschadensereignis und damit zu einer Katastrophe werden können, werden im Rahmen der BSI-Kritisverordnung (BSI-KritisV) gesondert behandelt (siehe Kapitel 4.2.3). Für sie gelten entsprechende Meldepflichten, umgekehrt aber auch der Anspruch auf Unterstützungsleistungen durch BSI und CERT Bund.

Eine der wichtigsten Vorkehrungsmaßnahmen im Zusammenhang mit BCM ist eine sorgfältige *Business-Impact-Analyse*.

Business-Impact-Analyse (BIA)

Eine *Business-Impact-Analyse* ist eine Analyse zur Ermittlung von potenziellen direkten und indirekten Folgeschäden für eine Institution, die durch das Auftreten eines Notfalls oder einer Krise und den Ausfall eines oder mehrerer Geschäftsprozesse verursacht werden. Es ist ein Verfahren, um kritische Ressourcen und Wiederanlaufanforderungen sowie die Auswirkungen von ungeplanten Geschäftsunterbrechungen zu identifizieren.

Sofern bereits eine Analyse der Kern-Geschäftsprozesse, wie in Kapitel 3.1.6 beschrieben, vorgenommen wurde, kann dabei auf die bestehenden Erkenntnisse aufgebaut werden. Die *BIA* prägt neben der Auswirkungsdimension noch eine zeitliche Dimension aus. In der Praxis ist es durchaus so, dass auch wichtige Geschäftsprozesse für einige Stunden brachliegen können und der Ausfall erst nach einer gewissen Zeitspanne akut wird.

Die BIA wird besonders relevant, sobald präventive Maßnahmen wie die Kontinuitätsvorsorge und das Business Continuity Planning angegangen werden.

Kontinuitätsvorsorge (ehemals Notfallvorsorge)

Kontinuitätsvorsorge umfasst alle präventiven Maßnahmen, die vor dem Eintritt eines Schadensereignisses getroffen werden

Business Continuity Planning (BCP)

Business Continuity Planning beinhaltet sowohl die Disaster-Recovery-Planung als auch alle Präventivmaßnahmen.

Das Business Continuity Planning hat folgende Ziele:

- Stabilität kritischer Geschäftsprozesse zu sichern
- Gesamtschaden zu begrenzen
- Planung der Weiterführung des Betriebs in einer stark veränderten Umgebung mit einer geringeren Anzahl an Ressourcen
- Wiederherstellung aller Funktionen, um zu einem Produktivitätsniveau gleich dem vor dem Ereignis zu gelangen

Contingency Plan

Der Contingency Plan[67] (im Deutschen regelmäßig als Notfall- oder Krisenplan bezeichnet) beschreibt ein Vorgehen zur Krisenbewältigung, das eine Organisation dabei unterstützt, einem zukünftig auftretenden signifikanten Ereignis unabhängig von dessen Eintritt zu begegnen.

Der Contingency Plan kann hierbei ebenso eine Ausweichplanung vorsehen. Zum Beispiel im Rahmen des Ausfalles des Telekommunikationsdienstleisters kann die Ausweichplanung ggf. in Form einer Anbindung an das Mobilfunknetz realisiert werden.

---

[67] NIST 800-34 „Contingency Planning Guide for Information Technology Systems", Rev. 1

11.2 Potenziell relevante Risiken und Szenarien

Die in Kapitel 11.1 dargestellten Definitionen im Umfeld des BCM sind bewusst sehr allgemein gehalten. Sie gelten jedoch uneingeschränkt für Vorfälle, die das Thema Cybersicherheit betreffen.

Da das Thema Business Continuity Management, genau wie in der Vergangenheit die Themen Notfallvorsorge und Krisenmanagement, häufig sehr global und theoretisch angegangen wurde, werden an dieser Stelle einige Szenarien beleuchtet, die heute eine realistische Eintrittswahrscheinlichkeit haben.

11.2.1 Krisenfälle und Unternehmensfolgen

Eine Erhebung hat gezeigt, dass nur ein Viertel[68] der von Krisen betroffenen Organisationen unbeschadet aus einer Krise hervorgeht.

Knapp die Hälfte nimmt ihren Betrieb nicht wieder wie in früherer Form auf oder wechselt den Besitzer. Ein gutes Viertel meldet innerhalb von drei Jahren nach Wiederaufnahme des Betriebs Konkurs an. Diese Zahlen finden auf Unternehmen, die Krisen infolge eines Cyberangriffs durchlebt haben, gleichermaßen Anwendung.

11.2.2 Mögliche Szenarien

Im Kapitel 6 wurde das Thema Cloud beleuchtet. Klassische Dienstleister von Steuerberatungs- und Buchhaltungs-Applikationen schwenken mehr und mehr auf Angebote im Bereich *Software as a Service* um. Dies macht die Kalkulation für den Anbieter einfach, da die Angebote in der Regel über monatliche Abonnements vertrieben werden und regelmäßig konstante Beiträge an den Anbieter fließen, mit dem er seine Personal- und andere Herstellungs- und Bereitstellungskosten decken kann.

Eine Gesellschaft wie eine Kanzlei genießt den Vorteil, dass sie in der Regel auf Anwendungen zurückgreifen kann, in die geänderte Rahmenbedingungen (z.B. Steuergesetzgebung) zeitnah einfließen. Weiterhin haben Kanzleien/Firmen, die ihren Arbeitsschwerpunkt ohnehin auf ihrem Tagesgeschäft haben, keine Aufwände mit den Themen Installation und

---

[68] Tenckhoff, Siegmann „Vernetztes Betriebssicherheitsmanagement", Springer 2019, ISBN 978-3-662-48440-1

Konfiguration, Patch- und Updatemanagement, da der Betreiber dies alles zentral übernimmt.

Der Betreiber hat sich zudem nach dem Anforderungskatalog C5 des BSI testieren lassen und erfüllt, bestätigt durch einen externen Zertifizierer, die Anforderungen an ISO 27001.

> **Beispiel**
> Eine Steuerberatungskanzlei nutzt seit einigen Monaten eine SaaS-Lösung (siehe Kapitel 6.1) von einem großen Dienstleister, der Spezialanwendungen für Steuerberater, Wirtschaftsprüfer und Rechtsanwälte anbietet. Der Dienstleister ist auf ein sehr hohes Niveau bedacht, was Datenschutz und Cybersicherheit angeht. Gleichzeitig ist er aber auch begehrtes Ziel kommerzieller und staatlich subventionierter Hacker, da er relevante Unternehmensdaten über eine Vielzahl deutscher Unternehmen speichert. Eines Tages erreicht eine Kanzlei eine Mitteilung des Cloud-Anbieters, dass dieser Opfer eines Cyberangriffs geworden ist und nicht auszuschließen ist, dass Kundendaten abgeflossen sind.

Da noch viele unbekannte Parameter im Spiel sind, ist es zu diesem Zeitpunkt nicht möglich, alle notwendigen Maßnahmen mitsamt allen Geschäftsfolgen und den entsprechenden Ausgang zu prognostizieren. Es spielt allerdings eine erhebliche Rolle, welche Maßnahmen im Rahmen der Prävention bereits getroffen wurden.

Erste Fragen, die sich einer betroffenen Kanzlei/Firma stellen könnten, wären z.B.:

- Wenn der Anbieter mit dem Ziel der Datenexfiltration ggf. bewusst angegriffen wurde, welche Schritte müssen seitens der Kanzlei unternommen werden?
- Sofern der Cloud-Betreiber nur SaaS ohne Speicherdienste angeboten hat, welche Risiken bestehen dann für die Kanzlei/Firma?
- Was passiert mit den Daten der Kanzlei/Firma, sofern der Betreiber auch die Bereitstellung von Speicherlösungen als Teil seines Angebotes übernommen hat?
- Wer informiert die Mandanten der Kanzlei/Firma und zu welchem Zeitpunkt?

- Was passiert, wenn der Cloud-Anbieter an den Folgen ebendieses Cyber-Angriffs insolvent gehen sollte?
- Wie lange – wenn überhaupt – können im Falle einer Insolvenz des Anbieters die Dienste weiter genutzt werden?
- Wer weiß genau, welche Daten von Mandanten oder auch Dritten bei dem Anbieter lagen und ggf. abgeflossen sein könnten?

> **Beispiel**
> Die Kanzlei hat beschlossen, ihre Daten wegen der schlechten Presse rund um Cloud-Dienste selbst zu hosten. Ein versierter lokaler IT-Dienstleister hat ihr dazu eine Speicherlösung mitsamt einer Backup- and Restore-Lösung und ein kleines Netzwerk aufgebaut. Trotz guter Vorkehrungen schafft es eine bisher wenig verbreitete Version einer *Ransomware* auf eines der Endgeräte und verschlüsselt über Nacht bereits einen erheblichen Anteil an geschäftskritischen Dateien.

Sofern entsprechende Detektionsmaßnahmen etabliert wurden, wird die Verschlüsselungstätigkeit der Ransomware, insbesondere auf Netzlaufwerken, in der Regel nach einiger Zeit auffallen. Ohne Sensorik fällt der Vorfall gegebenenfalls erst dann auf, wenn eine bereits verschlüsselte Datei gebraucht wird oder gar erst, wenn die Forderung zur Begleichung einer bestimmten Summe beim Nutzer erscheint.

- Sollte entsprechende Sensorik ausgebracht sein, die das Vorgehen der Schadsoftware bereits um 1 Uhr morgens als Ransomware klassifiziert, bestehen entsprechende Meldewege zu einer entscheidungsbefugten Person?
- Hat die Schadsoftware sämtliche Dateien, auf die der Mitarbeiter Zugriff hatte, verschlüsselt oder nur in bestimmten Verzeichnissen?
- Was passiert, wenn sich die Schadsoftware auf weitere Geräte in der Kanzlei ausbreitet?
- Ist sichergestellt, dass nicht auch die lokalen Backups so verschlüsselt werden, dass sie nicht wiederherstellbar sind?
- Wo liegen Ihre Notfall-Accounts bzw. Passwörter und sind diese gegebenenfalls auch durch die Schadsoftware verschlüsselt worden? Wer kann das in welcher Zeit feststellen?

- Soll das geforderte Lösegeld binnen der geforderten kurzen Frist bezahlt werden oder werden andere Maßnahmen ergriffen, geschäftskritische Daten wiederherzustellen?
- Falls nach einer internen Beratung entschieden wird, das Lösegeld zu zahlen, wer aus der Kanzlei darf darüber verfügen und bis zu welchem Betrag?
- Wie sieht es aus, wenn die Person, die darüber verfügen darf, in den Urlaub geht?
- Wer hilft dabei, die Kanzlei-IT wieder fit zu bekommen? Welche Dienste müssen zügig wieder funktionieren und wo darf die Wiederherstellung länger dauern?
- Wie schnell wird Ihnen geholfen, wenn dieser Vorfall ausgerechnet an einem Freitag, den 30. Dezember eintritt?
- Wer kann feststellen, ob die Schadsoftware nicht noch andere versteckte Funktionen nachgeladen hat, die auch nach Bezahlung des geforderten Lösungsgeldes Schaden anrichten?
- Wie lange hat die Schadsoftware bereits unerkannt auf dem System gewartet und wurde sie ggf. bereits im Rahmen von Backups in langfristige Datenspeicher überführt?

Beispiel
Eine Kanzlei hat für ihre Alltagskommunikation einen normalen Internetzugang, stellt Informationen und Kontaktmöglichkeiten auf einer eigenen Webseite bereit und betreibt eine Telefonanlage über einen All-IP-Anschluss. Irgendwo in Deutschland hat ein Neuling das Thema Crime as a Service im Darknet als Interessengebiet identifiziert und sich nun relativ wahllos ein Ziel ausgesucht, um zu sehen, ob die angebotenen Dienstleistungen Wirkung zeigen.

In der Regel wird nun ein sogenanntes Botnetz auf mehreren Hunderten oder Tausenden Rechnern entsprechende Anfragen an die Kommunikationsschnittstellen der Kanzlei senden. Dies kann von einfachen Ping-Requests oder Webseitenaufrufen, Überflutung des Maileingangs mit sinnlosen Mails, Nutzung des Kontaktformulars auf der Webseite bis hin zu einem dDoS-Angriff auf Ihre VoIP-Anlage reichen. Da evtl. etablierte Mechanismen zur Abwehr eines solchen Angriffs (z.B. *Firewalls*, *IPS*) nun auf Hochtouren arbeiten, kann normaler Daten- und Telefonieverkehr eventuell nicht mehr abgearbeitet werden und die Kanzlei ist für die Dauer des

Angriffs von außen nicht mehr erreichbar. Folgende Fragen zum weiteren Vorgehen müssen geklärt werden:

- Wie wird die Kanzlei darüber in Kenntnis gesetzt, dass es sich nicht nur um einen Ausfall des Telekommunikationsproviders, sondern um einen Angriff handelt?
- Wie lange darf ein solcher Angriff anhalten, um noch unkritisch für kritische Geschäftsprozesse zu sein?
- Hat die Kanzlei selbst oder der Telekommunikationsanbieter Möglichkeiten und Mechanismen, diesen Angriff zu beenden?
- Kann es durch anhaltende Maßnahmen zu einem Ausfall eigener Infrastruktur (z.B. durch Überhitzung) kommen?
- Gibt es für alle Kommunikationsbeziehungen Alternativen, die so lange genutzt werden können?
- Welche Mandanten könnten in nächster Zeit Verbindung mit der Kanzlei aufnehmen und wie werden diese informiert?

Die dargestellten Szenarien können so, in anderen Facetten oder auch auf ganz andere Weise jederzeit eintreffen und eine Organisation nachhaltig schädigen. In Kapitel 11.3 wird nun auf Präventionsmaßnahmen im Rahmen der Krisenvorsorge und in Kapitel 11.4 auf Reaktionsmaßnahmen im Zuge der Krisenbewältigung eingegangen.

11.3 Krisenvorsorge

Auch wenn sich der Erfolg bei Bewältigung von Krisen erst in der Praxis zeigt, können die Auseinandersetzung mit möglichen Szenarien im Vorfeld und daraus abgeleitete Präventions- und Reaktionsmaßnahmen im Ernstfall wertvolle Zeit sparen.

Studien haben gezeigt, dass Organisationen, die ein funktionierendes Business Continuity Management haben, auch im Normalbetrieb signifikant erfolgreicher sind[69]. Dies kann unter Umständen daran liegen, dass sie ihre Geschäftsprozesse gut kennen, entsprechend priorisiert haben und dadurch die Auswirkung der Änderung von Rahmenparametern viel besser einschätzen und darauf reagieren können. Ein Ansatz, wie er unter anderem in Kapitel 3.1 verfolgt wird, unterstützt also nicht nur die eigene Krisenvorsorge, sondern auch die Geschäftsprozesse im Alltag.

---

[69] Harvard Business Manager, Untersuchungsgruppe: Fortune 500 USA.

Maßgebend für den Bereich Business Continuity Management ist die DIN EN ISO 22301:2014 „Sicherheit und Schutz des Gemeinwesens – Business Continuity Management System – Anforderungen". Sie hat den britischen Standard BS 25999 abgelöst.

Mit Blick auf deutsche Standards war seit 2005 das Bundesamt für Sicherheit in der Informationstechnik mit dem BSI-Stand 100-4 „Notfallmanagement" maßgeblich. Da die Bausteine des BSI-Standards 100-4 im Gegensatz zur ISO 22301 eher Komponenten- und nicht Geschäftsprozessbasiert waren, entstand zwischen beiden Standards jedoch regelmäßig ein Versatz.

Der neue, zum Zeitpunkt der Erstellung des Buches noch in der Mitzeichnung befindliche BSI-Standard 200-4 soll diese Lücke nun schließen und volle Kompatibilität zur ISO 22301 herstellen.

11.3.1 Aufbau eines BCMS

Der neue BSI-Standard 200-4 hat zum Ziel, ein *Business Continuity Management* System (*BCMS*) zu etablieren. Langfristiges Ziel für jede Organisation ist dabei ein sogenanntes Standard-BCMS. Das BSI sieht hierzu ein Stufenmodell mit drei Ebenen (siehe **Abb. 11.1**) vor:

1. Einstieg
   – Notfallbewältigung wird ermöglicht
   – Fokussierung auf „überlebensnotwendige" zeitkritische Prozesse

2. Zwischenstufen
   – Erleichtern Übergang zum vollumfänglichen BCM
   – Formalisierung der Methodik und/oder Erweiterung der betrachteten Geschäftsprozesse

3. Etabliertes BCM
   – Empfehlung für alle Institutionen
   – Vollständiges BCM
   – ISO-22301-kompatibel
   – Untersuchung aller Geschäftsprozesse

Um vielen Organisationen in der Breite den Einstieg ins BCM zu ermöglichen, wird ein Einstiegs-BCM vorgesehen, das sich mit einer vereinfachten Methodik um eine eingeschränkte Zahl an Prozessen kümmert.

Im Folgenden verbleibt die Wahl bei der Organisation, ob sie auf dem Weg zum Standard-BCMS

1. alle Prozesse mit vereinfachter Methodik erfassen möchte (Basis-BCMS) oder
2. eine eingeschränkte Anzahl an Prozessen mit der vollständigen Methodik erfassen möchte (Kern-BCMS).

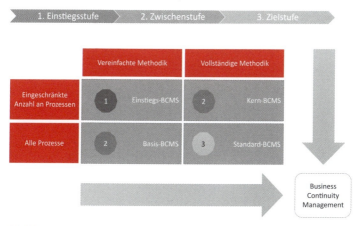

Abb. 11.1 Stufenmodell zum Aufbau eines BCM Systems nach BSI 200-4

11.3.2 Business-Impact-Analyse

Um eine Business-Impact-Analyse zu erstellen, ist es wichtig, die Struktur der eigenen Organisation gut zu kennen, und zwar sowohl die Aufbau- als auch die Ablauforganisation. Nicht alle Prozesse und Abläufe in einer Organisation sind gleich wichtig. Daher gilt es, genau abzuwägen, welche Prozesse unbedingt aufrechterhalten werden müssen.

Die identifizierten kritischen Prozesse sind anschließend im Rahmen des Notfallmanagements besonders zu berücksichtigen. Hierbei helfen insbesondere folgende Herangehensweisen:

- Walkthroughs (also das Durchspielen von Geschäftsprozessen auf Papier)
- Workshops, um verschiedene Blickwinkel auf einen Prozess und interdisziplinären Austausch zu berücksichtigen
- Interviews, um tiefergehende Nachfragen an einzelne Stakeholder im Prozess zu stellen und Details herauszuarbeiten

- Fragebögen und Checklisten im Sinne einer strukturieren Erfassung in der Breite
- Auswertung vorhandener Dokumentation, auch als Startpunkt für weitere Maßnahmen

Der derzeit noch gültige *BIA*-Prozess gem. BSI 100-4 sieht hierzu bspw. folgenden Ablauf vor:

1. Auswahl der relevanten Organisationseinheiten und Prozesse
2. Schadensanalyse
3. Festlegung der Wiederanlaufparameter
4. Berücksichtigung der Abhängigkeiten
5. Priorisierung und Kritikalität der Prozesse
6. Erhebung der Ressourcen für Normal- und Notbetrieb
7. Kritikalität und Wiederanlaufzeiten der Ressourcen

Zugegebenermaßen lässt sich der Bereich der *Business-Impact-Analyse* selbst nicht explizit auf Gefahren aus dem *Cyberraum* einschränken. Er verleiht zunächst nur einen Überblick über relevante und weniger relevante Geschäftsprozesse in einer Organisation.

Für den Anfang empfiehlt sich dennoch die vom BSI vorgeschlagene Herangehensweise mit einem Einstiegs-*BCMS*, sodass die elementar kritischen Geschäftsprozesse erfasst sind.

11.3.3 Bewertung der Risiken für die Geschäftsprozesse

Die Ermittlung potenzieller Risiken kann nun mit dem Fokus auf Bedrohungen aus dem *Cyberraum* stattfinden. Bei der Identifikation und Bewertung von Risiken, die Geschäftsprozesse stören können, hilft es, sich mit folgenden Leitfragen auseinanderzusetzen:

- Was kann schiefgehen?
- Wie und wodurch bzw. wann kann es schiefgehen?
- Was ist die Ursache dafür?
- Wie hoch ist der potenzielle Schaden einzuschätzen?
- Wie kann potenziellen Schäden vorgebeugt oder das erneute Eintreten in der Vergangenheit bereits aufgetretener Schäden künftig verhindert werden?

Die Identifikation potenzieller Risiken kann dabei in freier oder strukturierter Vorgehensweise erfolgen. Insbesondere für das Themenfeld Cyberbedrohungen und -risiken eignen sich hierzu folgende Herangehensweisen und Methoden:

Methode	Beschreibung
Brainstorming	Wie der Name schon sagt, geht es hierbei um eine kreative Herangehensweise ans Erfassen von möglichen Risiken. In der Regel werden interdisziplinäre Teams, inklusive eines Moderators (z.B. ein BCM-/Notfallbeauftragter), gebildet. Ziel ist primär, eine Vielzahl von Risiken zu identifizieren, und weniger, zu bewerten ob diese wahrscheinlich oder sinnvoll sind.
Delphi-Methode	Bei der Delphi-Methode handelt es sich um ein iteratives Vorgehen, in dem Kompetenzträger anonym ihre Einschätzung zu Sachverhalten und Trends abgeben. Alle Einschätzungen werden im Anschluss anonym zusammengetragen und erneut ausgehändigt. Damit entsteht eine abgestimmte Sicht einer ganzen Gruppe. Ggf. kann die Delphi-Methode (hoher Expertenanteil) auch mit dem Brainstorming (hoher Laienanteil) kombiniert werden.
Root Cause Analysis	Bei der Einzelschadenanalyse (Root Cause Analysis, RCA) werden Wissen und Erfahrungen aus vergangenen Schadensereignissen analysiert, um systemische Ursachen zu ermitteln. Die Methode zielt darauf ab, regelmäßige Fehlermuster zu erkennen, die Risiken erzeugen.
Failure Mode and Effects Analysis (FMEA)	Wird auch als Auswirkungsanalyse bezeichnet. Dabei geht es darum, zu ermitteln, welche Auswirkungen einzelne Fehler z.B. auf Ausfälle haben. Diese Methode zielt auf die Ermittlung von Kettenreaktionen ab, die insbesondere bei Cyberangriffen erheblich sein können (siehe Beispiel infizierter Cloud-Provider).
Fault Tree Analysis	Sie zielt darauf ab, einen Einflussbaum zu erzeugen, welcher Komponentenausfall wie zur Gesamtausfallwahrscheinlichkeit des Systems beiträgt. Dabei gibt es logische UND- und ODER-Verknüpfungen. Diese Methode bildet die Betrachtung von Risiken im Bereich von IT-Infrastrukturen sowie Servicelandkarten sehr gut ab.

Tab. 11.1 Methoden zur Bewertung der Risiken

Diese Methoden können unter anderem mit den in Kapitel 12.1., 12.4 und 12.5 vorgestellten Kreativmethoden ergänzt werden, um auch die Perspektive eines Angreifers einzunehmen und sich, hineinversetzt in dessen Rolle, Gedanken zu Angriffsmöglichkeiten zu machen.

Sofern relevante Risiken identifiziert wurden, muss noch eine Bewertung der Kritikalität erfolgen. Dabei sind im Wesentlichen zwei Dimensionen interessant:

1. Mit welcher Wahrscheinlichkeit tritt das Risikoszenario ein (Eintrittswahrscheinlichkeit)?
2. Was sind die Folgen bzw. wie hoch das Ausmaß, wenn das Risiko eintritt (Auswirkung)?

Beide Dimensionen ergeben zusammen eine Risikomatrix.

Häufig wird hierbei versucht, das Ausmaß in beiden Dimensionen zu beziffern. Da dies gerade bei Cyberrisiken sehr schwierig sein dürfte, lohnt sich eine qualitative Betrachtung an dieser Stelle mehr.

> **Praxistipp:**
> Bei der Risikobewertung im Cyber-Umfeld sollten qualitative Betrachtungen zu Eintrittswahrscheinlichkeit und Auswirkungen quantitativen Betrachtungen vorgezogen werden. Exakte Schadenshöhe und relative Auftrittshäufigkeit sind für die Risikobewertung weniger von Belang als die Einordnung in einen bestimmten Quadranten (z.B. sehr hohe Auswirkung, aber sehr geringe Eintrittswahrscheinlichkeit).

Im Anschluss an die Risikobewertung folgt die Risikobehandlung. Zur Behandlung stehen grundsätzlich vier Möglichkeiten zur Verfügung:

- Risikoakzeptanz
- Risikovermeidung
- Risikotransfer
- Risikoreduktion

Gerade bei Cyberrisiken kommt es hin und wieder vor, dass ein Risiko akzeptiert werden muss. Nicht alle Risiken lassen sich durch Vermeidung, Transfer oder Reduktion beheben bzw. wäre es nicht in jedem Fall wirtschaftlich. Jegliche Möglichkeit des Cyberangriffs auszuschließen könnte sich, selbst wenn es möglich wäre, kein Unternehmen dieser Welt leisten.

Durch Risikovermeidung werden Rahmenbedingungen so verändert, dass der Eintritt ausgeschlossen wird. Sollte z.B. ein hohes Risiko in der Veröffentlichung vertraulicher Daten bei einem Cloud-Dienstleister erkannt werden, kann eine Vermeidungsstrategie sein, die Daten anders zu hosten. Je nach Konstellation kann dies aber auch nur eine Risikoreduktion und keine Vermeidung im strengen Sinne darstellen.

Risikotransfer verlagert das Risiko an Externe, z.B. Dienstleister oder Versicherungen. Dies können externe Dienstleister sein, die Präventivmaßnahmen betreiben (wie z.B. das erwähnte SOCaaS aus Kapitel 6.5), oder auch Versicherungen (wie in Kapitel 11.3.6 noch einmal näher erläutert).

In vielen Fällen wird auch die Reduktion von Risiken angestrebt. Maßnahmen, wie unter anderem in Kapitel beschrieben, können Risiken erheblich reduzieren.

11.3.4 Kontinuitätsstrategie und Notfalldokumentation

Ziel der in 11.3.2 und 11.3.3 vorgestellten Prozesse war es, die elementaren Risiken zu identifizieren, um den Eintritt eines Notfalls oder einer Krise so unwahrscheinlich wie möglich zu machen. Sofern ein Vorfall eintritt, der als potenziell geschäftskritisch eingestuft wird, liegt es nun an einer ausgefeilten Kontinuitätsstrategie.

Wesentlicher Bestandteil der Kontinuitätsstrategie ist ein Notfallvorsorgekonzept, in dem alle technischen und organisatorischen Maßnahmen und Aktivitäten zur Bewältigung eines Notfalls beschrieben sind.

Ein Notfallvorsorgekonzept hat hierbei grundsätzlich folgenden Aufbau[70]:

- Aufbau des Notfallmanagements
  - Geltungsbereich
  - Leitlinie
  - Ziele und Verantwortlichkeiten
  - Notfallteams und Mitglieder (Notfallvorsorge- und -bewältigungsorganisation)
  - Wesentliche Definitionen und Begriffe
- *Business-Impact-Analyse* und Risikoanalyse
- Kontinuitätsstrategie
- Technische und organisatorische Maßnahmen
- Kommunikation
- Monitoring

In der Regel handelt es sich beim Notfallvorsorgekonzept um eine Sammlung bereits vorhandener Dokumente. Wichtig ist, dass diese – gerade bei einem Cyberangriff – so vorliegen, dass auch ohne Rückgriff auf Standard-IT eine aktuelle Version zur Verfügung steht.

11.3.5 Ablauf eines Notfalls und Notfallhandbuch

Sofern ein Notfall eintritt, wird eine Notfall-Ablauforganisation etabliert, die die Behandlung des Notfalls übernimmt.

Der Ablauf eines Notfalls sieht damit wie in **Abb. 11.2** skizziert aus. Dabei kommt es nach dem Eintritt eines Vorfalls zu einem Ausfall, der in der Regel durch Sensorik oder aufgrund anderer Umstände bemerkt wird.

---

[70] BSI-Standard 100-4, Kapitel 5

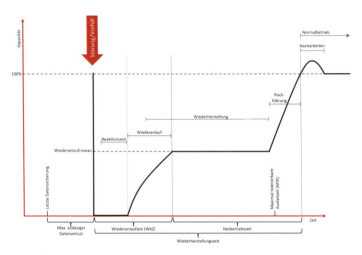

Abb. 11.2 Allgemeiner Ablauf einer Notfallbewältigung

Die Notfallbewältigungsorganisation übernimmt und sorgt dafür, dass das System wieder auf ein **Wiederanlaufniveau** gebracht wird. Im Bereich von Cyberbedrohungen kann dies z.b. durch sogenannte Incident Response Teams oder CERT-Teams (Computer Emergency Response Team, vgl. Kapitel 5.2.7) abgewickelt werden. Diese können entweder organisationsintern auf Abruf gehalten werden, durch externe Dienstleistung eingekauft sein oder, als Hybridmodell, aus einer Mischung aus internen und externen Mitarbeitern bestehen. Welche Lösung gewählt wird, hängt von Größe und Ausrichtung der Organisation ab. Ein IT-Serviceprovider mit ohnehin technisch versiertem Mitarbeiteranteil wird mit Sicherheit ein anderes Modell wählen als ein Dienstleister im Gesundheitswesen.

Nach dem Wiederanlauf folgt eine **Wiederherstellung** und **Rückführung** des Systems in den **Normalbetrieb**. Ein verfügbares und auf aktuellem Stand befindliches Notfallhandbuch verschafft an dieser Stelle die notwendige Routine und gibt Auskunft über die wichtigsten Parameter und Informationen. Eine typische Gliederung, die je nach Belangen der Organisation abweichen kann, kann etwa wie folgt aussehen[71]:

---

[71] BSI-Standard 100-4, Anhang C

Kapitel	Inhalt
1	Einleitung
1.1	Allgemeine Informationen wie Name der Organisation, Geltungsbereich etc.
1.2	Dokumentenkontrolle: Version, Verteiler, Festlegung des Dokumentverantwortlichen, Klassifizierung des Dokuments etc.
1.3	Abkürzungsverzeichnis
2	Sofortmaßnahmen
2.1	Konkrete Aufgaben für einzelne Personen/Rollen im Notfall
2.2	Handlungsanweisungen für spezielle Notfälle
3	Krisenmanagement
3.1	Rollen, Zuständigkeiten und Kompetenzen
3.2	Meldewege und Eskalation
3.3	Krisenstabsraum/Lagezentrum
3.3.1	Standorte, Erreichbarkeiten
3.3.2	Vorbereitung des Notfalltreffpunkts
3.4	Krisenstabsarbeit
3.5	Lagebeurteilung
3.6	Dokumentation im Krisenstab
3.7	Deeskalation
3.8	Analyse und Bewertung der Notfallbewältigung
4	Kommunikation und Öffentlichkeitsarbeit im Krisenfall
5	Wiederherstellung
5.1	Wiederherstellung der Bürofläche
5.2	Wiederherstellung der Infrastruktur
5.3	Wiederherstellung der IT
5.4	Wiederherstellung der Kommunikationsanbindungen
6	Geschäftsfortführung
6.1	Verfügbarkeitsanforderungen der Organisationseinheiten
6.2	Geschäftsfortführungspläne
6.3	Analyse des Wiederanlaufs und der Wiederherstellung
7	Anhang
7.1	Erreichbarkeit der Notfallteam-Mitarbeiter
7.2	Notrufnummern (z.B. Feuerwehr, Polizei, Notarzt, Wasser- und Stromversorger, Ausweich-Rechenzentrum, externes Datenträgerarchiv, externe Telekommunikationsanbieter)
7.3	Weitere/unterstützende Pläne und Listen

Tab. 11.2 Gliederung eines Notfallhandbuches

Aus Erfahrung im Bereich Incident Management ist es elementar, dass die in den Punkten 2 und 7 genannten Daten vollständig und korrekt sind. Nicht selten sind Zugangsdaten veraltet oder Rollen und Rechte sind nicht mehr aktuell.

Solange die maximal tolerierbare Ausfallzeit (MTA) bis zur Rückführung nicht überschritten wird, spricht man in der Regel von einem Notfall. Bei Überschreiten der MTA spricht man bereits von einer Krise, sofern als kritisch definierte Geschäftsprozesse von dem Ausfall betroffen sind.

Je nach Organisation treten derartige Notfallszenarien nicht selten auf. IT-Provider, die in der Regel internes Personal vorhalten, begegnen regelmäßig Incident-Szenarien, die zwischen Störungen und Notfällen anzusiedeln sind.

11.3.6 Risikotransfer durch Outsourcing von Risiken

Wie im Kapitel 11.3.3 beschrieben, besteht in der Risikobehandlung die Möglichkeit des Risikotransfers. Dabei wird das Risiko aus dem eigenen Verantwortungsbereich an einen externen Dienstleister verlagert.

Z.B. können Betreiberrisiken durch Outsourcing gelöst werden, indem Dienstleistungen wie die in Kapitel 6.1 angesprochenen SaaS, PaaS oder IaaS an externe Cloud-Dienstleister übergeben werden. Auch Dienstleistungen im Bereich der Cybersicherheit können an ein Security Operation Center as a Service (SOCaaS, Kapitel 6.5) ausgelagert werden.

Ein neuer Markt hat sich im Versicherungswesen aufgetan. Klassische Versicherungsdienstleister bieten immer häufiger auch Cyberversicherungen in ihrem Portfolio an. Häufig ist der Umfang der Versicherungen noch wenig greifbar und daher ist der Markt sowohl angebots- als auch nachfrageseitig derzeit noch überschaubar.

Häufig tritt die Frage auf, welche Risiken sich versichern lassen und welche Versicherungen sinnvoll sind. Für die Versicherbarkeit von Cyberrisiken werden im Allgemeinen folgende 9 Kriterien[72] herangezogen:

- Zufälligkeit des Schadensereignisses
- Maximal möglicher Schaden
- Mittlere Schadenhöhe

---

[72] Cyber Risk: Risikomanagement und Versicherbarkeit, hrsg. v. Universität St. Gallen, ISBN 978-3-9523551-8-3

- Mittlere Schadenhäufigkeit
- Informationsasymmetrien
- Versicherungsprämie
- Deckungsabgrenzung
- Gesellschaftliche Werte
- Gesetzliche Schranken

Im Folgenden soll kurz auf einige der Kriterien eingegangen werden.

Die Zufälligkeit des Schadensereignisses im Sinne einer stochastischen Unabhängigkeit ist bei Cyberrisiken im Allgemeinen als problematisch anzusehen. Da Systeme häufig gleich aufgebaut sind, existiert in der Regel eine ungenügende Zahl verschiedener Schadensfälle. Diese führt dazu, dass gewisse Schadensereignisse (z.B. breit angelegter dDoS-Angriff) in der Regel ausgeschlossen sind.

Der maximal mögliche Schaden ist in der Regel überschaubar, da die Versicherungen sich häufig auf die Kosten zur Wiederherstellung der IT-Services fokussieren. Folgeschäden wie die Kosten ungewollt veröffentlichter Informationen können z.B. ausgeschlossen werden. Es kann daher sowohl für den Versicherer als auch für den Versicherten sinnvoll sein, eine Versicherung für Lösegeldforderungen beim Befall mit *Ransomware* abzuschließen.

Die mittlere Schadenhöhe lässt sich für die Versicherung für all jene Fälle einfach ermitteln, in denen Zahlen aus der Vergangenheit existieren. Für standardisierte Angriffe (Ausfall von Rechenzentren, Befall mit Malware, etc.) gibt es inzwischen ausreichend Daten um eine Versicherung anbieten zu können.

Bei der mittleren Schadenhäufigkeit ist festzustellen, dass viele der Schäden durch Menschen initiiert wurden und die Schadenhäufigkeit im Bereich der Cyberversicherung eher zunehmend ist. Dies kann ggf. künftig dazu führen, dass Versicherungspolicen im Preis ansteigen. Bei Abschluss einer Versicherung lohnt sich also ein Blick in die Paragrafen zur Beitragsstabilität.

Im Bereich der sogenannten Informationsasymmetrien bestehen derzeit noch unbekannte Parameter für Versicherungsgeber, z.B. in Form von Moral Hazards, adverser Selektion und komplexen Verflechtungen. Moral Hazard führt unter Umständen dazu, dass versicherte Unternehmen noch weniger Aufwand in Präventivmaßnahmen stecken. Adverse Selektion führt dazu, dass Unternehmen erst über den Abschluss einer Cyberversicherung nachdenken, wenn zuvor ein Schadenfall in diesem Gebiet eingetreten ist. Und die komplexe Verstrickung der Services mit diversen Servicebereitstellern und Servicekomponenten macht das zu versichernde Objekt und die Haftungsgrenzen unscharf.

Insgesamt wird das Feld der Cyberversicherungen in den kommenden Jahren sicher an Relevanz gewinnen. Eine Organisation, die eine Risikobewertung gem. ISO 31000 oder wie in Kapitel 11.3.3 beschrieben durchgeführt hat, kann über einen Risikotransfer durch Versicherung nachdenken. Insbesondere eignen sich Risiken, die bei sehr hoher Auswirkung gleichzeitig sehr unwahrscheinlich sind, für Versicherungsnehmer im Sinne eines Pooling-Effektes von Risiken regelmäßig gut.

11.3.7 Durchführung von Notfallübungen

Neben allen Planungen und Aufstellungen ist das Wichtigste im Bereich Krisenvorsorge die regelmäßige Validierung der geplanten Maßnahmen. Je nach organisatorischem Aufwand, Budget, aber auch tolerierter Auswirkung für den restlichen Betrieb kann eine Notfallübung auf verschiedene Arten durchgeführt werden. Gängige Arten[73] sind hierbei unter anderem:

Übungsart	Beschreibung und Eigenschaften
Schreibtisch-Übung (Checklist Test)	Hierbei werden einzelnen Bereichsverantwortlichen Checklisten ausgehändigt, die in einer Art Trockenübung durchgearbeitet werden. Ziel ist, die ausgehändigten Checklisten genau daraufhin zu prüfen, ob wichtige Angaben oder Schritte fehlen. Eine solche Übung empfiehlt sich bei erstmaliger Durchführung oder nach einem großen Umbau des BCMS.
Strukturierte Abarbeitung (Structured Walkthrough)	Bei dieser Art der Übung kommen Vertreter der Bereiche zusammen, arbeiten geforderte Szenarien ab und beraten anschließend darüber, ob die Annahmen und die Zielrichtung des Plans aus ihrer Sicht sinnvoll waren.
Simulation	Bei dieser Form der Übung kommen alle Mitarbeiter zusammen, die auch bei einem Ernstfall eingebunden wären. Basierend auf einem vorgegebenen Szenario erfolgt die Übung zwar simuliert, aber unter realistischen Bedingungen (Zeitfenster, zur Verfügung stehende Informationen …). Ziel ist primär, die Awareness aller Mitarbeiter zu schärfen.

---

[73] Vgl. Harris/Maymi, CISSP All-in-One Exam Guide, S. 894 ff.

Übungsart	Beschreibung und Eigenschaften
Parallelübung (Parallel Test)	Bei dieser Übung werden einige Systeme auf Alternativstandorte geschwenkt, um zu prüfen, ob alle Konfigurationsparameter richtig gesetzt sind.
Test mit Betriebsunterbrechung (Full Interruption Test)	Dabei geht es um einen Live-Test, der betroffene Systeme herunterfährt und den Wiederanlauf einübt. Diese Art von Test sollte nur durchgeführt werden, wenn bereits alle anderen Übungsarten erfolgreich durchlaufen wurden. Alle Schritte müssen penibel dokumentiert werden. Auftretende Fehler können sich mitunter zu einer echten Bedrohung für die Organisation entwickeln.

Tab. 11.3 Übersicht über Notfallübungen

Eine Notfallübung ist dabei, wie aus vorangegangener Tabelle ersichtlich wird, kein einmaliges Ereignis, sondern wird regelmäßig wiederholt mit dem Ziel, das BCMS kontinuierlich zu verbessern. Beim Aufbau eines BCMS empfiehlt es sich, die verschiedenen Übungsarten vom Theoretischen zum Praktischen zu durchlaufen, da dies sowohl Kosten spart als auch kritische Auswirkungen verhindert.

> **Praxistipp:**
> Wenn Notfallbewältigung umfassender geprobt werden soll, kann *Red Teaming* auch einen Teil der Notfallübung darstellen. Im ersten Durchgang empfiehlt sich allein der Komplexität wegen jedoch, ein Red Teaming autark durchzuführen. Wichtig ist, neben der Erprobung der Abläufe, das Gefühl dafür zu bekommen, wie es ist, angegriffen zu werden, um dem Realfall gelassener zu begegnen.

11.4 Krisenbewältigung

Trotz aller Präventionsmaßnahmen kann es zum Worst Case kommen. Mittels guter Vorbereitung können Auswirkungen abgeschwächt und ein Regelbetrieb schneller wiederhergestellt werden. Besonders durchgeführte Tests mit Betriebsunterbrechung schaffen bei der Krisenbewältigung notwendige Handlungssicherheit.

11.4.1 Ablauf eines Notfalls

Auch wenn es bei der Abarbeitung einer Krise kein einheitliches Vorgehen gibt, so lässt sich der Ablauf (**Abb. 11.3**) protypisch darstellen:

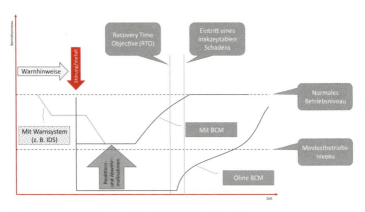

Abb. 11.3 Modell Auswirkungen eines Notfalls mit und ohne Vorwarnung

Ein Vorfall oder eine Störung kann sich schon vorher ankündigen oder auch abrupt auftreten. Ggf. haben schon Anzeichen wie Performance-Einbrüche, ein ungewöhnliches Antwort-Zeit-Verhalten oder andere Anzeichen einen Vorfall angekündigt.

Ohne etabliertes BCMS fällt das Betriebsniveau beim Eintritt einer Störung in der Regel erst einmal völlig ab. Ein gutes BCMS hat Reaktions- und Abwehrmaßnahmen etabliert, die den Totalausfall verhindern und ein gewisses Mindestbetriebsniveau gewährleisten.

Infolge einer gut durchgeführten *Business-Impact-Analyse* sollten somit die kritischen Geschäftsprozesse weiterlaufen können, während die Notfallbewältigungsorganisation an der Wiederherstellung des normalen Betriebsniveaus arbeitet.

Dieses Modell ist sehr allgemeingültig und deckt daher das Vorgehen generisch ab. Jeder Vorfall kann jedoch die Notfallbewältigungsorganisation in verschiedener Intensität fordern. Sofern externe Dienstleister eine Rolle spielen oder irreparable Defekte auftreten, die Lieferketten nach sich ziehen, werden Szenarien ungleich komplexer und auch langatmiger.

Generell ist jedoch ein Notbetrieb ein Betrieb wie jeder andere, nur mit verschärften Rahmenbedingungen. Sofern die Dokumentation zur Notfallvorsorge und zur Notfallbehandlung schnell verfügbar und auf aktuellem Stand ist, sind die wichtigsten Grundlagen für eine erfolgreiche Bewältigung des Notfalls gelegt.

> **Praxistipp:**
> Es gibt viele Anbieter am Markt, die ein softwaregestütztes IT-Notfallmanagement anbieten. Für Organisationen ohne eigene große IT-Abteilung mit eigenen Systemen für das Notfallmanagement ergibt es aus Erfahrung am meisten Sinn, eine gedruckte Form in einem Safe vorliegen zu haben.

11.4.2 Besonderheiten bei Cyberangriffen

Die gängigen Grafiken zum Wiederanlauf (wie z.B. in **Abb. 11.3**) sind auch für Cyberangriffsszenarien anwendbar, da die generische Beschreibung der Störung und der Warnung sowie alle notwendigen Schritte gleich sind.

Im Bereich der Cybersicherheit kann sich wegen der langen und iterativen Vorgehensweise bis zum eigentlichen Angriff ein Vorfall bereits früher ankündigen. Ggf. haben etablierte Sensoriken (z.B. ein *IDS*) im Laufe der Phase Scanning and Enumeration (vgl. Kapitel 9.1.5) bereits ungewöhnliche Aktivitäten aufgezeichnet und gemeldet. Ggf. ist die *Firewall* oder ein *IPS*-System schon aktiv und wehrt einen Angriff ab. Dies kann jedoch bei entsprechender Auslastung bereits im Vorfeld des Hauptangriffs (Attack-Phase) Beeinträchtigungen eines Systems zur Folge haben.

Eine Besonderheit von Cyberangriffen, die durch professionelle Akteure durchgeführt werden, ist jedoch, dass der Angriff bei aktiver Notfallbewältigung und entsprechenden Incident-Response-Maßnahmen nicht stoppt. Es ist also anzunehmen, dass die Bedrohung trotz gut organisierter Notfallbewältigungsorganisation anhält und sich der Schaden weiter ausbreitet.

Der Umgang damit wird unter anderem mit einem *Red Teaming* geübt. Ziel eines *Red Teamings* ist daher, nicht nur einen aufgetretenen Vorfall zu bewältigen, sondern das Vorgehen des Angreifers zu verstehen, die richtigen Schlüsse aus der Vielzahl an Meldungen der eigenen Sensorik zu ziehen und einen Angriff nachhaltig abzuwenden.

Die nachhaltige Abwendung ist deshalb so wichtig, da sich auch bei vermeintlich wiederhergestelltem Ausgangszustand ggf. weiterhin Schadcode in Lauerstellung auf den eigenen Systemen in Backups verstetigt oder auch nur auf einem einzelnen Endgerät befinden kann und nach einiger Zeit erneut aktiv wird.

12 Thinking outside the Box

Der Titel des nun folgenden letzten Abschnitts – Thinking outside the box – beschreibt plakativ, worauf es heutzutage ankommt, sobald das Thema „Cyber" in den Fokus rückt. Dabei gilt dies für beide Seiten, für Angreifer und insbesondere für die Verteidiger. Geistige Flexibilität, Kreativität und Neugier gepaart mit technischem Verständnis und eventuell einer gesunden Portion Skepsis sind die Eigenschaften, die am Ende zum Erfolg führen.

Doch wie fördert man diese Eigenschaften? Wie kann man sich selbst persönlich qualifizieren? Wie kann jemand, der in seinem beruflichen Alltag nur wenige Berührungspunkte mit dem Cyberspace hat – wie z.B. Wirtschaftsprüfer oder Steuerberater –, zumindest eine Ahnung davon bekommen, wie die denken, die sich in diesem Raum quasi ohne Hemmungen bewegen (können)?

Leider existiert keine Gesetzmäßigkeit, die hier zurate gezogen werden kann, kein einfacher Weg und auch kein einfaches Rezept, das man befolgen kann. Um in diesem Themenfeld tatsächlich brillieren zu können, bedarf es jahrelanger Übung mit eben genau diesem Fokus: Thinking outside the Box.

Dass es keinen einfachen Weg gibt, muss jedoch nicht bedeuten, dass Ihr Zugang zum Thema *Cybersecurity* zwangsläufig auf die im Vorfeld dargestellten potenziell geeigneten Absicherungsmaßnahmen, Technologien und Strategien begrenzt bleiben muss. Der Kreativität der Community sei Dank existieren heutzutage mehr Quellen für die Erweiterung des eigenen geistigen Horizonts denn je. Es obliegt Ihnen, sich der entsprechenden Quellen zu bedienen.

Im Rahmen dieses Guides beschränken wir uns dabei auf jene Möglichkeiten, die sich in der Community etabliert haben oder die wir zumindest für geeignet halten, Sie für dieses breite Themenfeld zu begeistern.

12.1 Capture The Flag (CTF) Events

Ziel eines solchen Events ist grundsätzlich das erfolgreiche Absolvieren von Aufgaben. Honoriert wird dies mit dem Erhalt einer Flag, häufig in Form eines Codes/Hashs oder einer Phrase in einem zuvor festgelegten Muster.

Für jede Flag wiederum gibt es, dem Schwierigkeitsgrad der ihr zugrunde liegenden Aufgabe entsprechend, Punkte.

Zugegeben, es handelt sich hierbei nicht wirklich um eine Erfindung der *Cybersecurity* Community. Im Sport etwa trifft man auf diesen Modus Operandi in diversen Abwandlungen des Rugby.

Die Aufgaben eines *Capture The Flag* (*CTF*) variieren üblicherweise in ihrer Komplexität und Aufgabenart, um die verschiedenen Spezialisten zu bedienen. Auf der anderen Seite nutzen die Spezialisten das breitgefächerte Aufgabenportfolio, um über ihren eigenen Horizont hinauszuwachsen. Regelmäßig werden solche Events dazu genutzt, die eigene geistige Flexibilität auf einem entsprechend hohen Niveau zu halten oder gar auszubauen. Darüber hinaus handelt es sich häufig um Team- oder sogar Firmenevents, die für einen inzwischen sehr regen Austausch innerhalb einer lebhaften Community sorgen.

Bei den Aufgabenarten gibt es grundsätzlich nichts, was es nicht gibt. Das Spektrum reicht von Open Source Intelligence über Aufgaben aus dem Gebiet der Kryptoanalyse bis hin zur Exploitentwicklung.

Aufgaben, Punkte und ggf. Hinweise werden für gewöhnlich über eigens erstellte Webseiten grafisch aufbereitet bereitgestellt.

Am Ende eines CTFs werden sogenannte Writeups, also Lösungsbeschreibungen, erstellt. Man kann somit auch jene Aufgaben nachvollziehen, die man dieses Mal nicht lösen konnte. Auch wenn die Aufgaben oft nur bedingt in einem Zusammenhang mit der eigentlichen Tätigkeit eines IT-Verantwortlichen, Wirtschaftsprüfers, Steuerberaters, Penetrationstesters oder Red Teams stehen, sind sie überaus gut dazu geeignet die Fähigkeit zu fördern auf die es ungeachtet der eigenen Rolle wirklich ankommt: Thinking outside the Box.

Interessierte, denen die üblichen CTFs nicht weit genug gehen, können sich dem Angebot von HackTheBox[74] widmen. Diese Webseite bietet, neben CTF-ähnlichen Herausforderungen, die Möglichkeit von der Community erstellte virtualisierte IT-Systeme zu untersuchen. Das Ziel ist, die darin versteckten Schwachstellen zu identifizieren und schließlich über diese in

---

[74] https://www.hackthebox.eu/ (abgerufen am 05.10.2019)

die Systeme einzubrechen. Auch hierbei wird das erfolgreiche Absolvieren der Aufgaben mittels Flags nachgewiesen und entsprechend mit Punkten und einem Rang (von „Noob", über „Pro Hacker" bis „Guru") belohnt. Die Schwachstellen reichen von Konfigurationsproblemen bis zu aktuellen tatsächlich existieren technischen Schwachstellen (vgl. Kapitel 2.3.2). Somit bietet HackTheBox eine außerordentlich gute Möglichkeit viel über Vorgehensweisen und Angriffsverfahren mit zum Teil realem Bezug zu lernen.

12.2 Humble Bundle

Humble Bundle[75] stellt unter anderem regelmäßig digitale Büchersammlungen bereit, die es gestatten, weit über den Tellerrand zu sehen, so man es möchte. Die Qualität kann dabei stark variieren, was jedoch von dem niedrigen Preis mehr als kompensiert wird.

Zu Recht stellt man sich an dieser Stelle die Frage, warum Buchautoren auf solche Plattformen hinweisen. Und die ehrliche Antwort hierzu lautet, weil sie schlicht gut sind.

Wir reden hier natürlich in keiner Weise über einen adäquaten Ersatz für Verlage mit maßgeschneiderter Literatur, wie etwa dem IDW Verlag.

12.3 Video-on-Demand-Plattformen und Youtube

Keine andere kostenlose Plattform bietet derart viele Möglichkeiten, sich weiterzubilden, wie Youtube. Da, wie unter anderem in den Kapiteln 4.4 und 4.5 dargestellt, mit den gängigen Zertifizierungen für *Cybersecurity* Professionals eine Art Ethik-Codex einhergeht, sind viele Experten auch bereit, ihr Wissen zum Wohle einer besseren Absicherung in der Breite mit der Öffentlichkeit zu teilen. Dadurch sind dort heutzutage Videos über alle möglichen *Cybersecurity*-Themen zu finden.

Neben Erklärungen bspw. dazu, wie das Verfahren Public Key Infrastructure (PKI) funktioniert, zu mathematischen Herleitungen gängiger Krypto-Algorithmen oder zu sämtlichen in diesem Buch beschriebenen Maßnahmen findet man unter anderem häufig auch Lösungsvideos für die unter Kapitel 12.1 beschriebenen *CTFs*.

---

[75] https://www.humblebundle.com/ (abgerufen am 22.09.2019)

> **Praxistipp:**
> Suchen sie bei Google und Youtube nach ihrem *Cybersecurity*-Begriff und nehmen Sie das Ergebnis als Ausgangspunkt für weitere Recherchen.

Der Fairness halber soll erwähnt werden, dass sich neben Youtube auch noch zahlreiche andere kostenlose Video-on-Demand-Plattformen im Netz tummeln. Im deutschen Sprachraum hat sich Youtube jedoch bisher durchgesetzt. Wer ggf. nach englisch- oder französischsprachigen Inhalten sucht, wird womöglich auch bei Dailymotion, Vimeo und Twitch fündig.

12.4 Konferenzen/LiveHacking-Veranstaltungen

Eine nicht zu vernachlässigende Quelle für Informationen aus dem Themenfeld *Cybersecurity* sind die Menschen, die in dieser Wolke arbeiten, forschen oder manchmal einfach nur Spaß haben. Da sich das Feld der Cybersicherheit rasend schnell weiterentwickelt, werden Sie zudem nicht alle aktuellen Entwicklungen in gedruckter Form vorfinden.

Ein daher hervorragend geeignetes Mittel für die Gewinnung weiterer Informationen, neuer fachlicher Kontakte oder Einblicke in aktuelle Trends und Gefahren sind Konferenzen. Je nach Ausrichtung der Konferenz wird den verschiedenen Themen zum Teil aus eher wissenschaftlicher und zum Teil aus einer eher praktisch-experimentellen Sicht begegnet.

> **Praxistipp:**
> Sollten Sie im Zuge dieser Konferenzen oder aufgrund der einschlägigen Fachliteratur auf Themen stoßen, die für Sie möglicherweise besonders interessant oder gar relevant sind, holen Sie sich doch einfach mal entsprechende Experten in Ihr Unternehmen. Lassen Sie sich live vorführen, wie Hacking funktioniert und Angriffe auf ein IT-System aussehen können. Gemeinsam mit einer anschließenden Fragen-/Diskussionsrunde ergibt sich in der Regel ein guter Austausch.

12.5 Lock Picking

Als typisches Hobby der Cybercommunity hat sich in den vergangenen Jahren das Lock Picking etabliert. Ziel hierbei ist, teilweise sogar wettbewerbsartig, Schlösser verschiedenster Ausprägung zu öffnen. Und damit sind tatsächlich auch keine digitalen, sondern ganz analoge Schlösser – wie sie auch in Ihrem Schließzylinder zu Hause verbaut sind – gemeint. Selbstverständlich nutzt man dabei keine entsprechenden Schlüssel, sondern besonderes Werkzeug, Geduld und das eigene Talent.

Der Grund für die Begeisterung der Community für diese Tätigkeit liegt dabei weniger bei etwaigen kriminellen Perspektiven. Viel eher lässt sich mittels physischer Schlösser viel über grundsätzliche Ideen und Probleme der digitalen Äquivalente lernen. Es schärft den Blick für Details, verbessert die eigene Geduld und vermittelt ein Gespür für alternative Lösungsansätze.

Für Wirtschaftsprüfer und Steuerberater kann Lock Picking gleich aus zwei Gründen attraktiv sein. Denn neben dem oben angedeuteten Lernprozess findet man über diesen Weg auch einen guten Einstiegspunkt in die Cybercommunity selbst. Und vielleicht tut sich nebenbei auch noch ein alternatives Hobby auf.

12.6 Schulungen/Trainings/Workshops

Es existieren inzwischen zahlreiche Möglichkeiten (Einsteigerkurse), seinen eigenen Horizont über diesen Kanal zu erweitern, ohne dabei zwangsläufig Gefahr zu laufen, nichts zu verstehen.

Hiermit müssen zudem nicht immer Kosten verbunden sein. So gibt es seit einiger Zeit regelmäßige sogenannte Meetups[76] in vielen Städten Deutschlands. Die Ankündigung und Anmeldung laufen hierbei über eine eigene App, die für alle gängigen Smartphone-Betriebssysteme zum Download zur Verfügung steht. Die Idee hinter den Treffen ist das zwanglose Zusammenfinden in Interessensgruppen und das gemeinschaftliche Weiterbilden. Nicht selten bietet sich so die Möglichkeit, mit Experten auf bestimmten Gebieten im Rahmen von Fachvorträgen in Kontakt zu treten. Zudem sind diese Treffen für Teilnehmer in der Regel kostenlos. Häufig finden sich sogar namhafte Sponsoren, die neben ihren Räumlichkeiten noch ein paar Snacks und Getränke bereitstellen.

12.7 Try it yourself!

Mit Hilfe der hier bereits angesprochenen Informationsquellen ist es durchaus möglich die meisten technischen Herausforderungen aus dem Bereich

---

[76] https://www.meetup.com/de-DE/ (abgerufen am 03.10.2019)

Cybersecurity kostenfrei selbst zu ergründen und ggf. sogar auszuprobieren. Es gibt heutzutage nahezu keine *Cybersecurity*-Frage mehr, für die es im Internet keine adäquate Antwort gäbe. Sei es Ausbildungsmaterial[77] oder Software für interne Phishing-Kampagnen[78] im Sinne einer Awareness-Maßnahme, SIEM (vgl. Kapitel 10.3.3)[79], *IDS/IPS* (vgl. Kapitel 10.3.2) oder *Schwachstellenscanner* (vgl. Kapitel 10.3.5).

Dabei geht es weniger darum eine einsatzbereite Lösung für Ihre Kanzlei oder Ihren Kunden zu erarbeiten, als viel eher um Verständnis für ein Problem und Identifikation möglicher Lösungsansätze.

Hinweis:
Versuche, Tests oder Demonstrationen dürfen niemals in Produktivumgebungen erfolgen. Hierfür sind dedizierte Umgebungen zu schaffen, bei denen es weder zum Verlust sensibler Informationen noch zu Auswirkungen auf Produktivsysteme kommen kann.

Ist das Problem verstanden, wird es deutlich einfacher mit Dienstleistern zu Ergebnissen zu gelangen, die nicht nur teuer, sondern auch effizient sind. Generell sollte, ungeachtet Ihres eigenen Engagements, vor einer Anpassung Ihrer Produktivumgebung ein entsprechender Dienstleister konsultiert werden, um etwaige rechtliche und/oder technische Fallstricke zu vermeiden.

---

[77] https://phishingquiz.withgoogle.com/ (abgerufen am 06.10.2019)
[78] https://getgophish.com/ (abgerufen am 05.10.2019)
[79] alternativ https://www.elastic.co/de/what-is/elk-stack (abgerufen am 05.10.2019)

13 Fazit

Das volle Spektrum des Themenfelds *Cybersecurity* zu erfassen, zu verstehen und in eine Roadmap von Maßnahmen umzusetzen ist ein sehr ambitioniertes Unterfangen. Nicht ohne Grund gibt es inzwischen zahlreiche Studiengänge, die über mehrere Semester hinweg zumeist auch nur das Nötigste vermitteln können.

Dennoch ist es gut und wichtig sich mit diesem Themenfeld zu beschäftigen, insbesondere wenn man selbst mit Blick auf die eigene IT (Kanzlei, mobile IT, konsumierte Cloudservices, *BYOD*) oder die IT von Kunden und Geschäftspartnern, in die Situation versetzt wird, sich einen schnellen Überblick verschaffen und gegebene Maßnahmen bewerten zu müssen.

Sich mit diesem Themenfeld zu beschäftigen bedeutet dabei vor allem, sich regelmäßig über neue Entwicklungen zu informieren, dabei verschiedene Perspektiven zu berücksichtigen sowie kritisch und neugierig zu bleiben und stets die Augen nach Möglichkeiten der persönlichen Weiterentwicklung, sei es über Literatur, Konferenzen, *CTFs*, Lock Picking oder Community-Events, offen zu halten.

Cybersecurity ist ein lebendiger Prozess und entwickelt sich ständig weiter. Beide Seiten, Angreifer wie Verteidiger, lernen stets voneinander, adaptieren Verhaltensweisen sowie ihre Prozesse und optimieren Maßnahmen. Entwicklungen wie der Bereich des Machine Learning bzw. der Künstlichen Intelligenz ermöglichen in Zukunft womöglich Angriffsszenarien mit einer Komplexität und Vielschichtigkeit, wie sie heute noch nicht vorstellbar ist.

Auch wenn Angreifer mit Blick auf die – dank Cloud, *BYOD* oder *IoT* ständig wachsende Angriffsfläche – in der besseren Position zu sein scheinen, sind es häufig eher Mängel im Bereich der Basisabsicherung und Umsetzung des BCM, die den Angreifern einen vermeidbaren Handlungsspielraum bieten. Und das obwohl die nötigen Standards, Leitlinien und Schutz-/Verteidigungskonzepte existieren, um derartigen Herausforderungen gewachsen sein zu können.

Zugleich bedeutet dies allerdings auch, dass Sicherheit vor Cyberangriffen, sofern so etwas überhaupt tatsächlich existiert, immer nur eine Momentaufnahme ist. Bestenfalls erschweren es die getroffenen Absicherungsmaßnahmen potenziellen Angreifern ihr Ziel zu erreichen. Man sollte nie davon ausgehen, dass man vor einer Kompromittierung gefeit ist.

Um einen Angriff gegen eigene IT-Systeme zu identifizieren und in einem solchen Szenario über wirkungsvolle Handlungsoptionen zu verfügen gilt es daher, neben technischen Maßnahmen, organisatorische und personelle Maßnahmen zu erarbeiten, zu pflegen und regelmäßig zu evaluieren.

Dieser Leitfaden beschränkte sich auf eine Auswahl wichtiger Aspekte. Das Gelesene ist daher als Ausgangspunkt für weitere Recherchen zu verstehen. Scheuen Sie sich dabei nicht sich moderner Medien und dem Wissen der Community zu bedienen und holen Sie sich professionelle Beratung an Ihre Seite, wenn es um konkrete Umsetzungsvorhaben geht.

Wir hoffen, dass Ihnen dieser Praxisleitfaden sowohl Anstöße gegeben hat, das Thema *Cybersecurity* in Ihrer Kanzlei gegebenenfalls noch einmal neu zu bewerten, als auch einen Überblick über Themenwelten und Begrifflichkeiten verschafft hat, mit denen Sie in Ihrer Rolle als Prüfinstanz immer wieder in Kontakt kommen können/werden.

Stichwortverzeichnis

A
Abschreckend
  Deterrent 51
Advanced Persistent Threats
  APT 31
Android 121
Angreifer 17
Anmelde- und Verzeichnisdienste
  Active Directory 52
Anti-Malware 45, 76, 79
Anwender 16
Application Layer Firewall 74
Application Layer Gateway 74
Assetmanagement 66, 97
Audit 139
Auditing 46
Auditor 55
Ausweichstandort 96
Authentifizierung 24, 87
Authentisierung 45
Autorisierung 87

B
Basis-Absicherung 59
Basis-Sicherheitscheck 59
Best of Breed 50
Betrug 22
biometrische Faktoren 45
Black Box 134, 144
Blacklisting 75
Blind 135
Blue-Team 132
Brandschutz 95
Bring Your Own Device 123
Brute Force 48
BSI für Bürger 57
BSI-KritisV 63
Bug-Bounty-Programme 24
Business Continuity
  Management 155, 166
Business Continuity Planning 160
Business-Impact-Analyse
  BIA 159

C
C5-Anforderungskatalog 65
Capture The Flag 181
Certified Information Systems
  Auditor
  CISA 43
Certified Information Systems
  Security Professional
  CISSP 68
Chief Information Security Officer
  CISO 41
Clean Desk 82
Clear Screen Policy 82
Clienthärtung 82
Cloud 34, 64, 106, 154, 162, 170, 174
Cloud Computing Compliance
  Control Catalogue 65
Cloud Control Matrix 116
Cloud-First-Strategie 34
Code of Ethics 70
Common Vulnerabilities and
  Exposures 23, 141
Compliance 36
Computer Emergency Response
  Team 105, 172
Consumer Layered Security
  Strategy 47
Container 86
Contingency Plan 160

Crime as a Service 35, 164
Cyberangriff 16, 32, 179
Cybercrime 35
Cyber Kill Chain 139
Cyber-Kriminelle 18
Cyberraum 13
Cybersecurity 15, 101
Cyberspace 13
Cyber-Spionage 20
Cyberversicherungen 174

D
Darknet 35
Data Leakage Prevention 91
Datensicherung 99
Datenzentrierte Security 45
Deep Packet Inspection 74
Defense in Depth 44
Demilitarisierte Zone
    DMZ 45, 52, 83, 139
Denial of Service 21, 22, 23, 35, 130, 175
Detektiv
    Detective 51
Diebstahl 80, 84, 125
Digitaler Arbeitsplatz 78
DIN EN ISO/IEC 27001 55
Domain Name System 30
Double-Blind 135
DSGVO 54

E
Endpoint Solution 76, 79
Enterprise Layered Security
    Strategy 48
Ergänzende Sicherheitsanalyse 59
Erpressung 22
Europäisches Signaturgesetz
    eIDAS 71

Evaluationsverfahren 132
Exploit 47

F
Fehlkonfiguration 30
Festplattenverschlüsselung 85
Firewall 36, 45, 73, 87, 91, 151
Funktionalitäten 73

G
Gebäudeautomatisierung 50
Grey Box 134, 145
Grundschutz-Kompendium 62

H
Hacker 18, 114
Hackergruppen 18
Hacktivism 18
Heimautomatisierung 49

I
Identitätsdiebstahl 48
Identitäts- und Berechtigungs-
    management
    Identity- and Access-
    Management 66
Industriesteuerung ICS 50, 61
Infektionswege 29
Information Security Management
    System
    ISMS 54
Informationsgewinnung 19, 136, 137
Informationsklassifizierung 101
Informationssicherheit 37
Informationssicherheitsbeauftragter
    ISB 41, 118
Informationssicherheitskonzept 39
Informationssicherheitsleitlinie 37
Informationssicherheitsmanager
    ISM 41

Information Systems Security
  Architecture Professional
  ISSAP 69
Information Systems Security
  Engineering Professional
  ISSEP 69
Information Systems Security
  Management Professional
  ISSMP 69
Infrastructure as a Service 109
Innentäter 26
Integrität 40
Internet of Things 129
  IoT 61
Intranet 52
Intrusion Detection System 36, 46, 75, 87, 151
Intrusion Prevention System 36, 46, 76, 87, 152
ISAE 3000 65
ISO 2700x 56
ISO 27001 162
ISO/IEC 27001 Lead Auditor 43
ISO/IEC 27008 Auditor 55
ISO/IEC 27017
  Cloudsicherheit 55
IT-Grundschutz 57, 140
IT-Grundschutz-Katalog 57
IT-Grundschutz-Kompendium 59
IT-Sicherheitsbeauftragter
  IT-SiBe 41
IT-Sicherheitsgesetz
  IT-SiG 71
IT-System 13

K
Katastrophe 158
Kern-Absicherung 59
Kompromittierung 20
Konferenzen 183
Konfigurationsmanagement 97
Kontinuitätsvorsorge 160
Korrigierend
  Corrective 51
Krise 157, 161, 165, 177
Kritische Infrastrukturen 63, 159
Kryptografie 25
Kryptotrojaner 22

L
Lagebild 96
LAN 86
Lateral Movement 138
Layered Security 44, 45
Least Privilege 50, 85, 119
Lock Picking 183
Logging 46

M
Man in the Middle 28
Maßnahmenevaluation 132, 146
MDM 67
Meetups 184
Mitre ATT&CK 139
Mobile Device Management 80, 124
modernisierter Grundschutz 59
Multifaktor-Authentifizierung
  MFA 46, 48

N
Netzwerkhärtung 88
Netzwerksegmentierung 89
Netzwerksicherheit 55
Non-Disclosure Agreements 103
Notfall 157
Nutzer-Awareness 102